평범한 그는 어떻게
상대의 마음을
단번에
읽어낼까?

평범한 그는 어떻게 상대의 마음을 단번에 읽어낼까?

1판 1쇄 펴낸날 2022년 7월 22일

지은이 김여정·임문수·허우영
펴낸이 나성원
펴낸곳 나비의활주로

책임편집 권영선
디자인 BIG WAVE

주소 서울시 성북구 아리랑로19길 86, 203-505
전화 070-7643-7272
팩스 02-6499-0595
전자우편 butterflyrun@naver.com
출판등록 제2010-000138호
상표등록 제40-1362154호

ISBN 979-11-90865-69-2 03320

커뮤니케이션의
대가가 되기 위한
**4가지
프로파일링**

평범한 그는 어떻게
상대의 마음을
단번에
읽어낼까?

김여정·임문수·허우영 지음

나비의 활주로

PROLOGUE

우리는 누구나 식스센스 능력을 가질 수 있다

2017년 가을, 한 통의 전화가 걸려왔습니다. 〈KBS 스페셜〉의 작가라고 자신을 소개한 후, 그녀는 정치적으로 중요한 한 인물에 대한 행동심리 분석을 요청하였습니다. 그런데 놀랍게도 그 인물이 바로 북한의 '김정은'이었습니다.

지금이야 김정은 위원장에 대해 전 세계적으로 많이 알려져 있지만, 그 당시만 하더라도 그는 베일 속에 가려진 미스터리한 인물이었습니다. 2012년, 젊은 나이에 아버지 '김정일'로부터 권력을 이어받은 그는 집권 6년차에 접어들면서 밖으로는 핵미사일 카드를 쥐고 도발과 위협을 쏟아냈습니다. 하지만 안으로는 국제사회의 제재로 인한 고립에서 벗어나려는 자구책을 마련하기 위해 애쓰고 있었습니다.

〈KBS 스페셜〉에서 다루고 싶어 했던 것은 북한의 최고지도자 김정은이 어떤 사람인가에 대한 것이었습니다. 김정은이 정말로 핵미사일을 쥐고 흔드는 미치광이이자 폭군인지, 아니면 다른 모습을 가지고 있는지를 국내외 전문가들을 통해 분석해보려고 했습니다. 그 당시 북한은 6차 핵실험과 미사일 도발을 감행했고, 그 사건 이후 국제사회는 한목소리로 김정은에 대한 비난을 쏟아냈습니다.

집권 6년 동안 김정은은 네 차례의 핵 실험과 수십 차례의 미사일 시험 발사를 감행했습니다. 거기에 북한 내부적으로는 간부들의 잇단 숙청과 처형 소식이 알려졌고, 고모부 장성택의 처형과 이복형 김정남의 암살 사건은 그의 '잔혹한 독재자'라는 이미지에 쐐기를 박았습니다. 그러한 김정은을 핵 질주를 내달리는 잔인한 폭군이자 미치광이라고 보는 것은 어쩌면 지극히 당연한 것이었습니다!

미치광이인가 전략적 지도자인가, 김정은의 두 얼굴

우리는 방송국으로부터 김정은에 대한 영상을 5~6편 건네받았습니다. 영상들을 통해 본 김정은의 모습은 우리를 당혹하게 만들었습니다. 그가 자신보다 나이가 한참 많은 간부들에게 삿대질을 하며 호통을 치는 모습도 있었고, 때론 기쁜 감정을 한껏 드러내며 함박웃음을 짓기도 하였습니다. 우리는 이렇듯 가늠과 예측이 어려운 김정은의 다양한 표정과 여러 행동들을 통해 그가 어떤 기질의 사람인지를 면밀히 분석했습니다. 그 결과 우리는 김정은이 단순한 미치광이가 아니라 2가지 기질, 즉 행동가와 창조가 기질이 조합된 사람이라는 결론에 이르렀습니다. 그의 기질은 바로 '혁명가innovator' 유형이었고 그 기질적 특성은 다음과 같습니다.

출처 〈KBS 스페셜〉 김정은의 두 얼굴 방송 화면

사실 이 방송이 나간 후 많은 반향이 일어났습니다. 김정은이라는 사람의 기질에 대한 설명을 흥미롭게 받아들이는 사람들이 있었던 반면, 한편으로는 그를 미화했다는 비판도 많았습니다. 그 비판의 내용은 자기 형과 고모부를 죽이고 핵폭탄을 쏘아댄 그를 미치광이나 폭군이 아니고 어떻게 재치 있고 창의적인 성격을 보유하고 있는 혁명가라고 치켜세울 수 있느냐는 것이었습니다. 여기서 혁명가라고 표현한 것은 그가 실제로 혁명가라는 것이 아니라 그러한 기질을 가지고 있는 사람들을 통칭하는 표현일 뿐인데도 말입니다.

그 후 남북한의 관계는 급격하게 호의적으로 변해갔고, 남북한 정상들이 판문점에서 만나는 역사적인 순간에까지 이르게 되었습니다. 그동안 방송에서만 김정은을 보았던 사람들은 그가 판문점 회담과 그 이후 보였던 실제 모습에 놀라움을 금치 못했습니다. 그의 행동과 표정 그리고 말투는 미치광이가 보이는 그것과는 사뭇 달랐기 때문입니다. 그 이후 남북한과 북미가 화해 모드로 들어가고, 세 나라의 정상들이 함께하는 기회들이 많아지면서 김정은의 행동과 표정을 처음으로 분석했던 우리들도 덩달아 바빠졌습니다. 하루에도 여러 방송국에서 섭외 전화가 왔고, 심지어는 다양한 기관들에서도 자문 요청이 쇄도했습니다.

"어떻게 사람의 행동과 표정만을 가지고 그 사람이 어떤 기질이나 성격을 가진 사람인지 알아낼 수 있을까요? 그것이 가능하다면 그 방법은 무엇일까요?"

우리는 지금부터 그 비밀을 공개하려고 합니다. 이 책에서는 〈KBS 스페셜〉 '김정은의 두 얼굴'부터 tvN의 인기 프로그램 〈식스센스〉까지 그동

출처 〈KBS 스페셜〉 김정은의 두 얼굴(ICRU 기질과 프로파일링) 방송 화면

안 다양한 방송에서 우리가 분석했던 정치인이나 연예인 등의 사례를 가지고 사람의 기질과 그 기질에 따른 라이프스타일의 특성에 대해 자세히 알아보겠습니다.

그전에 여러분에게 추천해드리고 싶은 영화가 하나 있습니다. 바로 〈여자가 원하는 것What women want〉입니다. 영화의 내용은 대략 다음과 같습니다.

주인공 닉 마샬Nick Marshall: 멜 깁슨 분은 한때 잘나가던 광고 기획자입니다. 명성과 돈, 어느 하나 남부러울 것이 없던 닉에게 어느 날 믿을 수 없는 시련이 닥쳐옵니다. 바로 승진의 기회를 회사에 스카우트된 경쟁사 직원에게 빼앗겨버린 것입니다! 그것도 남자가 아닌 여자 달시 맥과이어 Darcy Maguire: 헬렌 헌트 분에게 말입니다. 달시를 내보내고 그 자리를 차지하고 싶어 안달이 난 닉은 자신이 새로운 프로젝트를 성공시킴으로써 그 뜻을 이루고자 합니다. 그 프로젝트는 '나이키'에서 새롭게 출시하려고 하는 여성 전용 운동화에 대한 광고를 제작하는 것입니다. 닉은 나이키의 목표 고객인 여자들의 마음과 욕망을 파악하기 위해 자신이 '여자가 되어보기'로 결심합니다.

그는 욕실에 들어가 여자들처럼 코팩을 붙이고, 수분 함유 립스틱을 바르고, 마스카라를 하고, 스타킹을 신어보기도 합니다. 그 순간에 전기에 감전되어서 욕실 바닥에 넘어졌고 결국 정신을 잃고 마는데, 깨어난 다음 날 아침부터 닉은 이상하지만 놀라운 능력을 보유하게 됩니다. 그것은 바로 여성들의 속마음을 읽을 수 있는 능력입니다. 정확히 말하자면 여성들의 속마음을 들을 수 있게 된 것입니다. 결국 닉은 여성들의 속마음을 읽음으로써 새로운 광고 프로젝트를 따게 되고 그 후로 성공 가도를 달리게 됩니다.

여러분에게 만약 닉처럼 사람들의 마음을 읽을 수 있는 능력이 있다면 어떻겠습니까? 분명히 그러한 능력은 여러분의 성공에 큰 도움이 될 것입니다. 하지만 사람의 마음을 읽는 능력을 얻는 것은 영화에서나 가능한 일이지, 현실 세계에서는 불가능한 듯 보입니다. 그렇다면 그와 같은 능력을 가질 수 있는 방법은 없을까요? 여러분은 목숨을 걸고 욕실에 들어가서 전기에 감전되는 위험한 선택은 하지 않으셔도 됩니다. 바로 이 책이 여러분에게 닉 마샬의 능력을 얻도록 만들어드릴 테니까요!

CONTENTS

03 PART 대표 인물 사례로 보는 기질 프로파일링

04 PART 이제 당신도 리드할 수 있다: READ에서 LEAD로

PART

01

태초에 '짓'이 있었다!

I CAN READ YOU

CHAPTER 1

거대사로 보는 '짓'의 역사

"태초에 '짓'이 있으리라!"

짓(motion): 운동, 움직임, 흔들림, (특히 의사를 전달하기 위한 손·머리의) 동작, 몸짓

● 아주 사소한 짓이 만든 무한의 세계

우주에 아무것도 존재하지 않았을 때 작은 '짓motion' 하나가 일어났습니다. 그 짓이 왜 발생했는지를 아는 사람은 아무도 없습니다. 하지만 그 작은 '짓'으로 우주적인 대폭발, 즉 '빅뱅big bang'이 일어났습니다. 그것은 곧 우리가 사는 우주가 탄생하는 순간이었습니다. 겨자씨만큼 작은 입자가 벌인 이 우주 최초의 '짓motion'이 있은 이후 우주는 급속도로 팽창하기 시작했습니다. 그 후 이 우주는 지금 이 순간에도 자신의 한계를 늘려가고 있고, 앞으로도 어쩌면 영원히 그 짓을 멈추지 않을지도 모르겠습니다.

우주는 그 팽창 과정에서 자신의 자식들을 탄생시켰습니다. 수많은 태양과 별들이 바로 그들입니다. 그 자식들 중 끝이 없는 우주에서도 변방이라고 할 수 있는 '태양계'의 작은 별인 우리 '지구별'에서도 이상한 '짓'이

다시 일어납니다. 바로 눈에 보이지도 않을 만큼 작은 세포들로부터입니다. 따로 떨어져 존재하던 이들 세포들은 갑자기 서로 하나로 뭉쳐서 보다 더 큰 세포를 만들기 시작합니다. 참 이상한 짓이었고, 이 짓은 멈추지 않고 계속됩니다. 단세포가 모여 다세포가 되고, 다세포들이 모여 물질을 만들어냅니다. 이 물질은 어느 순간 신체가 됩니다. 이러한 짓거리들이 바로 인류 탄생의 시작인 것입니다.

프랑스 작가 베르나르 베르베르의 소설 《아버지들의 아버지》에는 이러한 구절이 나옵니다.

어린 물고기가 엄마 물고기에게 묻습니다.

"엄마, 우리 선조들 중에 물이 싫어 물 밖으로 나간 분들이 있던데 그들은 어떤 분들이에요?"

엄마들은 자신의 복제품들에게 끊임없이 질문을 받고, 그에 대한 대답을 해야만 하는 의무가 있습니다. 그것이 사람이든 물고기이든 상관없이 말입니다.

엄마 물고기는 대답합니다.

"물에 사는 것에 불만(불안)을 느낀 분들이지!"

현재의 삶에 불만이나 불안을 느낀 사람들은 항상 이상한 '짓'을 합니다. 그들은 과감히 위험한 '짓'을 아무렇지도 않게 저지릅니다. 그들은 편안함이 주는 무료함이 너무 싫기 때문입니다.

물 밖으로 나온 이들은 팔다리를 만드는 것을 시작으로 다양한 방식으로 진화를 거듭합니다. 이들은 남아프리카 동부의 해안에서 삼삼오오 모여 편안히 살아갑니다. 하지만 그런 삶도 오래가지 못합니다. 결국 자신들의 타고난 특성인 이상한 '짓'을 다시 시작합니다.

사실 물가는 이들이 정말 살기 편안한 곳이었습니다. 자신들을 위협하는 천적들로부터 공격당할 위험도 적고, 먹을 것도 풍부하기 때문입니다. 하지만 이들은 그 안락함을 버리고 내륙의 숲 지대로 이동을 합니다. 이들은 적응도 참 잘합니다. 숲에 살면서 나무를 오르내리고 과일을 따먹거나 작은 동물들을 잡아먹으면서 살아갑니다. 물론 이것도 잠시였습니다. 자기 버릇 남 주겠습니까?

이들은 숲에서의 안락한 삶에도 곧 싫증을 느꼈고, 또다시 괴팍한 '짓'을 합니다. 그것은 바로 숲을 벗어나 사바나의 초원에 나가기로 결정한 것입니다. 하지만 지금까지와는 달리 이 사바나라는 곳은 키도 작고 태생적으로도 강하지 못한 이들에게 그렇게 만만한 곳이 아니었습니다. 물론 초원은 사냥을 할 수 있고 먹을 것도 풍부했지만, 반면에 호시탐탐 이들의 생명을 위협하는 천적들에게 쉽게 노출된 채 매일매일 불안한 삶을 살아가야 했습니다. 이들은 하루하루 두려움에 떨면서 이번만큼은 자신들의 선택을 후회했을지도 모르겠습니다. 하지만 이러한 공포나 위협 때문에 물러날 이들이 아니었습니다. 자신들의 생명을 유지하기 위해, 그리고 자신들의 종족을 번성시키기 위해 이들은 3가지의 새로운 '짓'을 하기 시작합니다.

그들이 한 첫 번째 짓은 '직립 보행'이었습니다. 네 발로 살아가던 이들이 최초로 두 발로 걷기 시작한 것입니다. 허리를 세우고 두 발로 걸어 다니는 짓을 한 인류는 처음으로 자신들의 이름을 부여받게 됩니다. 바로 '오스트랄로피테쿠스'입니다. 두 발로 걸어 다니는 짓은 이들에게 더 많은 종류의 음식을 발견할 수 있게 만들어줬고, 보다 넓은 자신들만의 영역을 차지할 수 있게 만들어주었습니다.

두 번째 새로운 짓은 '뇌 키우기'입니다. 이 짓은 진짜로 이상한 '짓'이었습니다. 포식자가 아닌 작은 체형의 동물이 자신의 뇌를 크게 만드는 짓은 생명을 유지하는 데 전혀 도움이 되지 않았기 때문입니다. 머리가 커지면 민첩성이 떨어져 오히려 사냥을 하기도 어렵고, 천적으로부터 도망치는 데도 방해가 될 수 있습니다. 차라리 소화기관을 발달시키거나, 더 빨리 달리기 위해 다리의 근육을 강화하는 쪽이 자신의 생명을 유지하기에 유리했습니다. 하지만 뇌를 키우는 이 어리석기까지 한 선택은, 사실 결과적으로는 매우 탁월한 '짓'이었습니다. 뇌가 커지면 거기에 맞춰 두뇌가 발달하게 됩니다. 두뇌가 발달하면 도구를 제작하는 능력이나 상호간의 커뮤니케이션을 원활하게 할 수 있습니다. 바로 이 짓이 진화적 이점이 되었고, 다른 경쟁자들을 물리칠 수 있었으며, 그들의 천적들에게 오히려 천적이 되게 만들었습니다. 즉, 입장이 반대가 된 것입니다. 이들이 누구인가 하면 바로 '호모사피엔스'입니다.

이들이 한 마지막 짓은 '역할 분담과 협력'이었습니다. 그 당시의 사피엔스 성인 남성들의 평균 키는 대략 1미터도 되지 않았습니다. 이러한 작은 체구를 가지고 거대하고 강인한 천적들과 경쟁자들을 물리치기 위해서는 서로 간의 협력이 절실하게 필요했습니다. 17 대 1로 싸워서 이기는 가장 쉬운 방법이 있습니다. 그것은 바로 자신이 17 쪽에 서는 것입니다. 결국 이들은 가족 단위의 삶에서 벗어나 큰 집단을 이루어 모여 살기 시작했습니다. 이것은 선택사항이 아닌 반드시 할 수밖에 없는 것이었습니다. 이들은 역할을 분담하고 서로 협력함으로써 생명의 위계에서 가장 윗자리를 차지하게 됩니다. 이것은 생태계에서 쉽게 일어날 수 없는, 실로 지구의 역사상 가장 혁명적인 사건이었습니다. 쉽게 말하면 반에서 성적이 하위권에 있던 학생이 갑자기 전교 1등으로 올라서는 것과 같은 것이었습니다. 그렇다면 이들은 어떤 식으로 역할을 분담했을까요? 이것에 대해 탁월한 견해를 제시했던 사람은 바로 사랑과 애착의 분석에 관한 세계적인 전문가인 헬렌 피셔Helen Fisher입니다.

그녀는 세계적인 베스트셀러 《나는 누구를 사랑할 것인가?》에서 인간의 성격 유형을 크게 4가지로 구분하였습니다. 그 책에서 그녀는 유전적인 기질과 태아가 엄마의 자궁에 있을 때 특정 호르몬에 노출되어 특정한 기질이 형성된다고 주장하였습니다. 그 4가지 기질은 '탐험가', '건축가', '지휘관' 그리고 '협상가'입니다. 그녀가 주장한 4가지 성격을 간략하게 소개하겠습니다.

가장 먼저 '탐험가'를 알아보겠습니다. 탐험가는 늘 새로운 자극을 좇는, 모험을 즐기고 세상의 모든 즐거움을 추구하는 성격입니다. 이 기질은 도파민dopamin 호르몬의 영향을 받는 사람들입니다. 두 번째는 '건축가'입니다. 건축가는 사람과 어울리는 것을 좋아하고 사람을 잘 관리하며 모든 것을 질서정연하게 정돈하고 신중하고 조심스러운 성격입니다. 이 기질은 세로토닌serotonin 호르몬의 영향을 받는 사람들입니다. 세 번째는 '지휘관'입니다. 지휘관은 결단력이 강하고 솔직하며 꾸물대지 않으며, 끊임없이 노력하며 독립적이고 성취욕이 강한 성격입니다. 이와 같은 기질의 사람들은 엄마의 자궁에서 테스토스테론testosteron 호르몬에 많이 노출된 사람들입니다. 마지막 기질은 '협상가'입니다. 협상가는 다양한 사실들을 조합하고 다양하고 폭넓은 정보를 좋아하며 나무가 아닌 숲을 보는 능력이 탁월합니다. 이들은 에스트로겐estrogen 호르몬의 영향을 받는 사람들입니다.

이 4가지 기질의 분류는 우리 선조들이 어떻게 역할을 분담했는지에 대한 힌트를 줍니다. 우리는 이 기질 분류를 참고해 호모사피엔스들의 역할 분담을 크게 4가지로 분류했습니다. 그 4가지는 바로 '창조가', '상담가', '행동가' 그리고 '분석가'의 역할입니다.

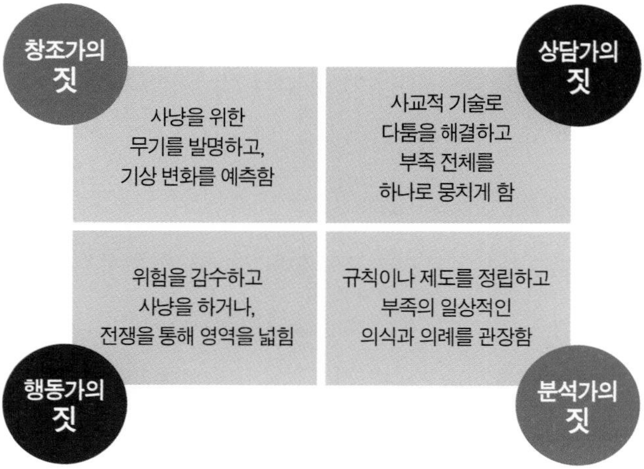

창조가는 사냥을 위해 더 나은 창과 덫을 발명하고 비가 오는 날이나 달의 변화 주기를 계산하는 짓을 하였습니다. 상담가는 손짓, 발짓, 몸짓 등의 능통한 사교적 기술로 각각의 개인들을 하나의 집단으로 뭉치게 하였습니다. 행동가는 위험한 풀숲을 헤치고 다니면서 열매를 구해오거나 새로운 정보를 습득하는 짓을 하였습니다. 마지막으로 분석가는 집단을 수호하고 부족의 일상적인 의식과 의례를 관장하는 짓을 하였습니다. 이 4가지 짓이 조화를 이루고 시너지가 발생하여 인류의 생존과 번영을 이끌었습니다.

● 인류의 4가지 짓거리가 만든 진화적 혁명

이러한 짓들은 인류의 의식에 영향을 주면서 새로운 세상을 만들어나갔습니다. 대표적으로 이들의 짓들은 현대의 다양한 사상들을 태동케 했습니다. 세계 최고의 사상가로 불리는 켄 윌버Ken Wilber가 명명한 'AQALAll Quadrant All Level'의 사상에 적용해보면 다음과 같습니다.

창조가의 짓거리는 현대에 들어 이상주의가 되었습니다. 이들은 우주의 실체를 마음이라고 보았습니다. 상담가의 짓거리는 '포스트 모더니즘'을 만들어냈습니다. 이들은 문화적으로 구축된 의미가 존재의 실체라고 보았습니다. 행동가의 짓거리는 '과학주의' 사상을 형성케 했습니다. 그들에게 실체는 물질이자 실험을 통해 도출된 결과였습니다. 분석가의 짓거리는 '시스템 이론'을 만들어냈습니다. 즉, 유기적으로 연결된 생명의 그물만이 우주의 실체라는 것입니다.

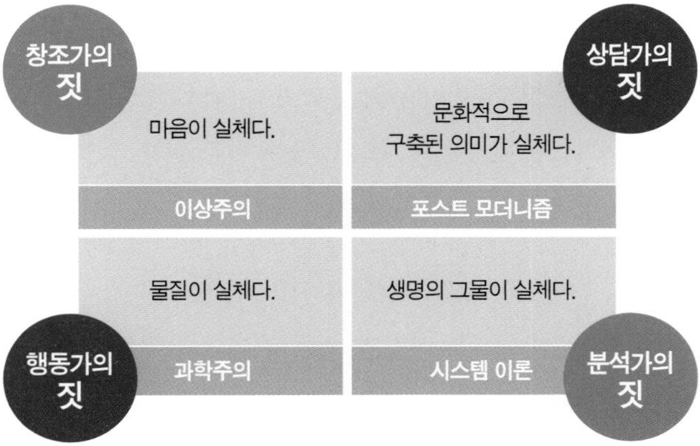

이 4가지 짓들은 경영에도 영향을 미치게 됩니다. 창조가의 짓거리는 'Y이론'에 영향을 미쳤습니다. 이들은 회사에서 일하는 직원들을 심리적 관점에 초점을 맞춥니다. 상담가의 짓거리는 '문화적 경영 이론'에 영향을 미쳤습니다. 이들은 조직의 문화를 강조합니다. 행동가의 짓거리는 'X이론'에 영향을 주었습니다. 이들은 조직원 개인의 행동에 초점을 맞춥니다.

분석가의 짓거리는 '시스템 경영 이론'을 태동케 했습니다. 이들은 사회제도와 환경을 강조합니다.

이러한 짓거리들은 철학이나 경영뿐만 아니라 인류 개개인의 의식에도 스며들었는데 직업 가치관을 예로 들면 다음과 같습니다.

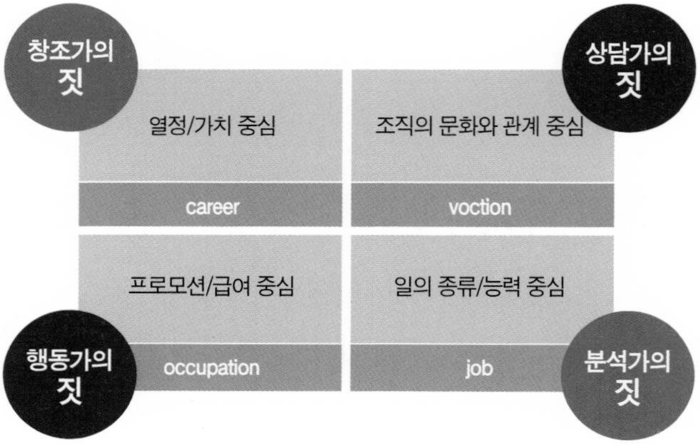

창조가의 짓거리는 직업을 선택할 때 자신의 열정과 가치관에 부합하는지를 고려하게 만들었습니다. 이들에게 직업은 '커리어career'인 것입니다. 상담가의 짓거리는 자신이 근무하게 될 조직의 문화가 어떤지, 그리고 직원들 간의 관계가 원활한지를 중요하게 만들었습니다. 이들에게 직업은 '보케이션vocation'입니다. 행동가의 짓거리는 자신이 이루어낸 성취와 그 성취에 따른 보상 그리고 자신의 능력에 맞는 급여를 제공받을 수 있는지를 중요하게 보는 데 영향을 주었습니다. 이들에게 있어서 직업은 '아큐페이션occupation'입니다. 분석가의 짓거리는 일의 종류가 무엇인지,

조직의 시스템이 능력을 중심에 두는 것인지를 고려하게 만들었습니다. 이들에게 있어서 직업은 '잡job'인 것입니다.

이 4가지 인류의 짓들(창조가의 창의적인 짓과 상담가의 직감적인 짓, 행동가의 편리한 짓, 분석가의 논리적인 짓)은 세상의 다양한 영역과 결합하면서 끊임없이 진화와 혁명을 거듭해가고 있습니다. 증기기관 개발과 전기의 대중화 그리고 컴퓨터의 등장으로 인류의 삶을 바꾼 기술 발전은 이제 4차 산업혁명을 향해 나아가면서 지금과는 전혀 다른 차원의 'O2OOnline to Offline 시대'를 예고하고 있습니다.

이 진화 중 가장 대표적인 예는 바로 'IOTInternet of Things: 사물인터넷'입니다. 라이프스타일과 행동가의 편리한 짓이 만나 모든 것이 서로 연결되는 세상인 IOT를 만들어냈습니다. 음성 인식은 물론 모션 인식 기능을 통해 주변의 전자기기를 쉽게 제어할 수 있습니다. 나아가 인간의 감정까지 파악해 기계와 인간이 간단한 대화를 나눌 수 있는 세상이 되었습니다. 또한 '모션 컨트롤 기술'은 자동차와 결합하면서 '인지 센서'와 '스마트 크루즈 컨트롤 레이더 센스'를 통한 자율주행 기술, 홀로그램과 모션을 접목시킨 '홀로액티브 터치 기술', 자동차가 운전자의 얼굴을 인식하여 작동하는 '스마트 기술', 운전자와 자동차가 감정을 나누며 교감할 수 있는 인공지능을 탑재한 '감정엔진' 등 머신machine의 진화를 거듭하고 있습니다.

증강현실과 홀로그램을 활용한 문화 예술은 창조가의 창의적인 짓과 만나 인간에게 또 다른 차원의 감각적 체험과 심리적 경험을 선사하고 있습니다(예시: KBS 〈감성과학 프로젝트 환생〉, 김광석 콘서트). 또한 게임에도 모션이 결합하면서 닌텐도의 'wii'를 시작으로 스크린 골프와 스크린 야구, 나아가 4D 시뮬레이터 게임까지 등장하게 되었습니다. 이는 더 생동감 넘치고, 사실적인 가상현실 체험을 구현해냈습니다(예시: 포켓몬고, 4D 레이싱 시뮬레이터 게임).

직감적인 상담가의 짓은 'FACSFacial Action Coding System: 얼굴 움직임 부호화 시스템' 기술과 범죄심리학을 결합시켜 새로운 접근 방식의 '프로파일링'을 만들어냈습니다(예시: 언마스크 얼굴 표정 읽는 기술, 아이리스사의 SW 표정 인식 프로그램).

분석가의 논리 정연한 짓은 빅데이터는 물론 가구 설계에도 접목시켜 일명 '모션 가구'를 탄생시켰습니다(예시: 모션 침대, 모션 데스크).

사냥을 더 잘하기 위해 창이라는 도구를 만들어냈던 인간의 짓은, 이제는 인간의 짓모션만으로도 사물과 커뮤니케이션이 가능해지는 4차 산업혁명까지 도달하게 만들었습니다. 이러한 짓이 진화의 혁명을 넘어 '혁명적 진화'라는 새로운 패러다임을 제시하게 된 것입니다.

● 호모사피엔스의 미래

호모사피엔스의 4가지 짓은 진화를 거듭해오면서 현대 인류의 짓거리를 만들었고 앞으로도 그것은 멈추지 않을 것입니다. 현대의 인류는 5만 년 전, 물 안이 싫어 물가로 나와 아프리카 초원으로 이동해 살았던 작은 모둠들의 후예들입니다. 그때는 인류 역사상 가장 기념비적인 순간이었습니다. 왜냐하면 '짓'이 탄생했기 때문입니다. 인간만이 가질 수 있는 이

짓이 있은 이후 우리 인류는 다양한 영역에서 급속도의 발전을 이룩해왔습니다. 최초의 '문서' 기록이 5,600년 전, 메소포타미아에서 발견된 이후 인간은 놀라울 정도로 폭발적으로 기술을 발전시켰습니다. 5,400년 전에 '수레바퀴'가 발명되었고, 3,200년 전에는 '철'이, 1,500년 전에는 숫자 '0'이, 1,000년 전에는 화약이, 200년 전에는 연료를 활용한 기술들이 발명되었습니다. 심지어는 컴퓨터 기술, 그리고 약 50년 전에 인공지능까지 발명되었을 정도입니다. 결국 인류는 자신들보다 뛰어난 지능을 가지고 있는 존재를 발명할 수 있을 정도의 '특이점singularity point'에 도달해가고 있습니다. 이러한 특이점이 지나면 인류에게는 어떤 일이 일어날까요? 세계 최고의 베스트셀러 《호모사피엔스》의 저자인 유발 하라리Yuva Noah Harari의 예상처럼 사피엔스는 결국 완전히 사라지게 될까요? 그 누구도 미래를 예측할 수는 없겠지만, 이거 하나만큼은 확실할 것입니다.

"다시 '짓'이 있으리라!"

I CAN READ YOU

CHAPTER 2

사람은 누구나 '짓'을 남긴다

인간의 뇌와 비언어

"사랑해!"

이 말은 나이, 성별, 인종, 민족, 사회적 지위 고하를 막론하고 전 세계 모든 사람들이 가장 듣고 싶은 말이 아닐까 합니다. 어쩌면 우리 인류는 집단 생활을 하고 가정을 이루며 살면서부터 서로에게 깊은 애정을 표현하기 위해 이 말을 사용했을 것입니다. 어떤 언어에도 '사랑'이라는 감정을 표현한 단어는 반드시 있을 것입니다.

누군가 여러분에게 "사랑해."라고 말하고 있다면 이 사람은 어떤 마음에서 이런 말을 하고 있을까요? 진심으로 여러분을 사랑해서 하는 말일까요, 아니면 또 다른 마음이 있을까요? 우리는 이 '사랑해'라는 세 마디의 단어가 단순한 감정을 표현하는 것 이상의 의미를 가지고 있고, 그 말에 대한 해석도 상황에 따라 달라진다는 것을 이미 잘 알고 있습니다.

다음과 같은 상황을 한번 생각해봅시다!

여러분의 부모님께서 여러분을 다정하게 쳐다보면서 간절한 목소리로 "사랑해."라고 말합니다. 여기서 "사랑해."의 의미는 아마도 '용돈 좀 주면 고맙겠다.'일 수 있습니다. 지금 여러분의 어린 딸이 울면서 큰 눈망울로 여러분을 올려다보면서 "사랑해."라고 말하고 있습니다. 이 아이의 지금 속마음은 '잘못했으니 그만 용서해주세요.'일 것입니다. 우리는 어떻게 특정한 말에 담긴 진짜 의미를 손쉽게 파악할 수 있을까요? 그것은 상대방이 말하는 목소리의 톤이나 속도의 변화, 그들이 보여주는 자세와 몸짓의 변화를 통해서 가능합니다.

사람들은 자신의 감정과 의도를 몸짓이나 행동을 통해 전달합니다. 의사소통에서 사용하는 이러한 몸동작을 우리는 '보디랭귀지body language'라고 부릅니다. 우리는 언제 어디서나 머리부터 발끝까지 우리 몸의 모든 부분을 사용해 끊임없이 상대방에게 특정한 메시지를 보냅니다. 재미있는 것은 이러한 행동들의 대부분이 무의식적인 차원에서 일어난다는 것입니다.

인간에게는 보디랭귀지 외에 또 하나의 언어가 있습니다, 그것은 바로 '준언어paralanguage'입니다. 준언어란 목소리의 톤과 속도의 변화 등을 통해 자신의 의도를 전달하는 것을 말합니다. 이러한 2가지 언어, 즉 보디랭귀지와 준언어, 이 둘을 합쳐 '비언어non-verval language'라고 합니다. 일반적으로 비언어=보디랭귀지로 통용됩니다만 사실 비언어의 범위는 상당히 넓습니다. 사무실, 패션, 메신저, SNS 등 비언어에는 다양한 영역들이 포함

되어 있습니다. 말 그대로 언어가 아닌 모든 부분이 비언어가 되는 것입니다. 이러한 비언어를 좀 더 명확히 이해하기 위해서는 인간의 '뇌'에 대한 이해가 반드시 필요합니다.

● 뇌의 삼위일체

인간의 뇌는 크게 세 부분으로 이루어져 있습니다. 좀 더 정확히 표현하면 3가지 층으로 나뉘어 있다고 봐야 합니다.

첫 번째 층은 뇌의 가장 밑바닥에 있는 뇌로, 우리는 이 뇌를 '파충류의 뇌'라고 부릅니다. 이 뇌는 인간의 기본적인 생명 유지를 담당하는 뇌로, 3F의 기능을 담당하고 있습니다. 여기서 3F란 Freeze정지, Flight도망 그리고 Fight싸움를 말합니다.

동물들은 포식자나 다른 위험 앞에 서면 우선 자신의 몸을 '정지'함으로써 자신을 방어합니다. 움직임은 주의를 끌기 때문입니다. 이 같은 정지

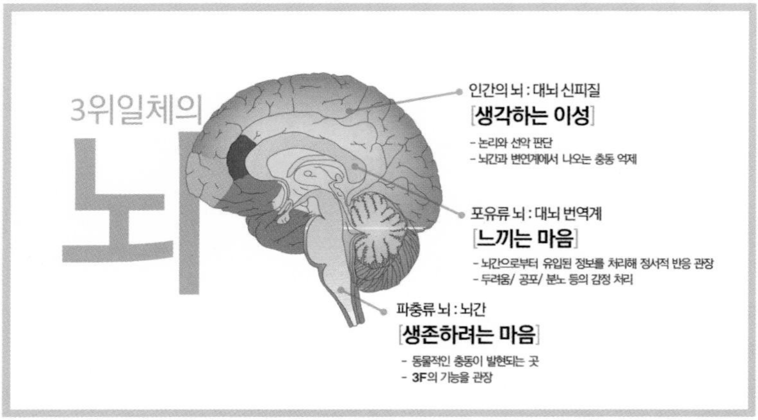

반응은 자신을 잡아먹으려고 하는 뱀 앞의 생쥐가 아무 움직임 없이 멈추어 서 있는 것과 같은 반응입니다. 인간도 마찬가지입니다. 범행과 관련된 조사를 받는 사람들이 보통 자신의 다리를 꼬거나 의자 다리에 걸쳐 안전한 위치에 고정시키려고 하는 것도 이러한 반응에서 비롯된 것입니다.

두 번째는 '도망' 반응입니다. 정지 반응이 위험을 극복하는 데 적절하지 않거나 최선의 행동이 아닌 경우 파충류의 뇌에서는 두 번째 반응인 도망 반응을 내보냅니다. 이 반응의 목적은 위협에서 벗어나거나 최소한의 위험 요소와 거리를 두는 데 있습니다. 같이 있고 싶지 않은 사람과 만났을 때 자신도 모르게 출입구 쪽으로 몸을 돌리는 행동을 하는 것이 가장 좋은 예라고 할 수 있겠습니다.

마지막은 '싸움' 반응입니다. 위험에 처한 상황에서 정지를 해도 발각되는 것을 피할 수 없거나 도망치는 것으로도 위험을 제거할 수 없는 상황이 되면 결국은 싸움 반응을 하게 됩니다. 인간의 싸움 반응 중 대표적인 것이 '논쟁'을 벌이는 것입니다. 상대방에 대한 모욕, 인신 공격성 발언, 궁지로 몰아세우기, 빈정거림 등은 투쟁 반응이 현대적으로 나타난 사례입니다.

인간의 뇌를 구성하는 두 번째 층은 바로 중뇌입니다. 중뇌는 파충류의 뇌에서 올라온 모든 정보를 전달해주는 중재자 역할을 합니다. 이 뇌를 '포유류의 뇌'라고 부릅니다. 이 포유류의 뇌는 감정 기능을 담당하고 있습니다. 포유류는 파충류와 달리 공포나 외부의 자극을 느끼면 흥분이나 공포를 느끼기도 하고, 반대로 사랑을 받으면 행복의 감정을 몸으로 표시합니다. 감정 표현은 파충류에게는 발달하지 않은 포유류만이 가진 고유한 행동이기 때문에 포유류의 뇌라고 부릅니다.

인간 뇌의 제일 높은 층은 '대뇌 신피질'이 있는 '전뇌forebrain'입니다. 이 뇌는 고도의 정신 기능과 창조 기능을 관장하고 있는데, 이러한 기능은 오로지 인간만이 가지고 있기 때문에 '인간의 뇌'라고 부릅니다. 이 뇌는 논리와 선악을 판단해서 파충류의 뇌나 포유류의 뇌에서 나오는 충동이나 감정을 억제하는 기능을 합니다. 이러한 인간의 뇌 덕분에 우리는 오늘날과 같은 인류 문명을 창조하게 되었고 만물의 영장으로 군림할 수 있게 되었습니다.

그렇다면 우리의 뇌는 완벽한 것일까요? 인간은 현재 전체 뇌의 10퍼센트 정도를 활용하고 있다는 것이 과학자들의 공통된 의견입니다. 그렇다면 인간의 뇌는 앞으로 어떻게 그리고 어디까지 발전하게 될까요?

● 뇌의 진화와 보디랭귀지의 의미

정글을 벗어나 우리에 갇힌 다른 동물들을 바라보기까지 인간을 발전시킨 원동력은 무엇일까요? 인간의 뇌는 동물들 중 가장 머리가 좋다는 침팬지와 외형적으로는 매우 비슷합니다. 하지만 다른 것이 하나 있는데 그것은 바로 '크기'입니다. 인간의 뇌는 침팬지의 그것보다 3배 정도 큽니다. 그 차이를 만든 것이 대뇌 신피질이 있는 '전뇌'입니다. 물론 침팬지도 전뇌가 있긴 합니다. 하지만 인간의 그것과는 비할 것이 못 됩니다.

과학과 의학이 발달하면서 뇌의 각 영역들의 역할과 기능이 밝혀졌습니다. 하지만 바로 이 전뇌의 역할과 기능에 대해서는 아직까지도 정확한 설명을 하지 못하고 있습니다. 그럼에도 과학자들이 공통적으로 동의하는 부분이 하나 있습니다. 바로 전뇌가 하는 중요한 역할 중의 하나가 인간의 삶에 있어서 목표를 세우고 끊임없이 발전하기 위한 작업을 한다는 것입니다. 끊임없이 새로운 가능성을 타진하고 혼란과 갈등을 이겨내며, 동시에 여러 목표를 향해 가는 이러한 인간의 위대한 능력은 뇌의 크기가 커지고 발달했기 때문에 가능한 일이었습니다. 그렇다면 인간의 뇌는 어떤 방식으로 진화를 할까요?

앞의 그림(32쪽)을 자세히 보면 포유류의 뇌는 파충류의 뇌를 포함하고 있다는 것을 알 수 있습니다. 마찬가지로 인간의 뇌는 파충류의 뇌와 포유류의 뇌를 포함합니다. 여기서 뇌가 진화해가는 모습을 보면 결국 상위에 있는 뇌는 하위에 있는 뇌를 포함하고 확장해가고 있다는 것을 알 수 있습니다. 이러한 진화의 과정 속에서 상위의 뇌는, 하위 뇌에는 없는 전혀 다른 능력을 갖게 됩니다. 즉, 포유류의 뇌는 파충류의 뇌 속성을 그대로 가지면서도, 파충류의 뇌에는 존재하지 않는 전혀 다른 속성인 감정이라는 능력이 발생된다는 것입니다. 이 같은 방식으로 인간의 뇌는 포유류의 뇌에 전혀 없는 새로운 능력인 고도의 논리 능력과 사고 능력을 만들어냅니다. 이걸 보면 인간의 뇌는 끊임없이 팽창되면서 진화하려는 속성을 가지고 있는 듯해 보입니다. 이러한 기능을 하고 있는 대뇌 신피질이 뇌 속의 변화를 새롭게 만든다면 앞으로 우리에게는 어떤 일들이 펼쳐질까요?

어쩌면 우리 모두는 전지전능한 능력을 가진 영화 〈루시Lucy〉 속 주인공과 같아질지도 모릅니다. 진화의 끝이 어디인지 현재까지는 그 누구도 알 수 없습니다. 또한 진화를 막을 수도 없습니다. 왜냐하면 진화라는 것은 반드시 앞으로 나가려는 속성이 있기 때문입니다. 하지만 이러한 진화에는 전제조건이 하나 있습니다. 바로 모든 뇌가 하나로 통합이 되어야 한다는 것입니다. 즉, 우리는 본능적이면서도 감정적이면서도 이성적인 존재여야 한다는 것입니다. 그럼에도 불구하고 대뇌 신피질의 인간, 즉 이성적이고 합리적인 인간만이 진정한 인간이라는 것입니다.

현재의 고도화된 문명사회에서 동물적인 인간, 감정적인 인간은 무대 저편에 가려서 억압되어 살아가고 있습니다. 그래서 우리는 인간의 본능이나 감정에 대한 교육이나 학습을 등한시하거나 무시하곤 합니다. 하지만 숨겨져 있는 인간의 본능적인 행동과 통제되고 억압되었던 감정 등이 무대 위의 주인공으로 나타날 때 비로소 진정한 진화가 이루어질 것입니다. 이것이 바로 우리가 인간의 보디랭귀지에 대해 관심을 가지고 연구해야 하는 진정한 이유가 될 것입니다!

PART

02

4가지의 '짓'에는 패턴이 있다

I CAN READ YOU

CHAPTER 3

프로파일링이란 무엇인가?

프로파일링의 단서

영어에 '훔쳐보는 톰peeping tom'이라는 표현이 있습니다. 이 말은 '엿보기 좋아하는 사람'을 지칭할 때 쓰입니다. 11세기 초, 영국 중서부에 있는 코번트리Coventry 지역에는 봉건영주인 레오프릭Leofric 백작이 있었습니다. 그는 주민들에게 가혹할 정도로 높은 세금을 부과하면서 혹독한 통치를 하는 것으로 악명이 높았습니다. 높은 세금으로 삶을 유지하기 힘들어지면서 주민들의 원성은 계속해서 높아졌습니다. 이를 전해들은 영주의 부인 고다이버Godiva는 영주에게 세금을 낮춰달라고 요청했습니다. 그녀는 자신의 남편과는 달리 백성들을 사랑하는 선한 사람이었습니다. 그러나 영주는 어림도 없다고 단번에 그녀의 요청을 거절했습니다. 이에 굴하지 않고 계속해서 그녀가 요청을 하자, 그는 자신의 부인이 더 이상 그런 말을 못 하게 하려고 다음과 같이 제안했습니다.

"당신이 알몸으로 말을 타고 성내를 한 바퀴 돈다면 그리 하리다."

영주의 생각과 달리 고다이버는 그의 제안을 받아들였습니다. 그리고 그녀는 주민들에게 자신이 알몸으로 말을 타고 달리는 동안 모두 집 안에 들어가 문을 잠그고 창문을 가릴 것을 부탁했습니다.

자신들을 위해서 영주의 부인이 수치스러운 일을 하겠다는데 그 부탁을 거절할 사람이 어디 있겠습니까? 그런데 고다이버가 알몸으로 말을 타고 달리는 것을 집 안에서 몰래 엿본 사람이 한 명 있었습니다. 바로 톰Tom이라는 사내였습니다. 백작은 약속대로 세금을 내렸습니다. 하지만 톰이라는 사내는 천벌을 받은 건지 눈이 멀었다고 합니다. 이것이 실화를 바탕으로 한 이야기인지는 확실치 않습니다. 하지만 다른 사람을 훔쳐보고 싶은 인간의 숨겨진 욕망을 비유한 것만은 확실해 보입니다. 이렇듯 사람들은 다른 사람은 어떤 성격을 가지고 있는지, 그리고 지금 어떤 생각을 하고 있는지에 대해 알고 싶어 합니다. 그것은 아무나 할 수 없는, 심리 전문가나 심령술사나 할 수 있는 것으로 보입니다. 하지만 그것은 그리 어려운 것만은 아닙니다. 누구나 조금만 관심을 가지고 그 방법을 배운다면 얼마든지 '전지전능한' 능력을 가질 수 있습니다.

범죄 영화를 보면 잔혹한 살인 사건 현장에 뒤늦게 유유히 나타나는 인물이 있는데, 그들이 보통 영화의 주인공입니다. 단순히 범인의 지문이나 머리카락 등을 찾고 있는 다른 경찰들과 달리 그는 범죄 현장에 있는 피해자의 사진이나 옷장들을 훑어봅니다. 놀랍게도 그는 범인이 누구인지 금방 알아내고, 결국 그 범죄는 의외로 손쉽게 해결됩니다. 이들이 바로

'프로파일러profiler'입니다.

범죄 프로파일러는 범죄자의 심리 및 행동을 분석하고, 그 결과를 바탕으로 범죄 유형을 파악하고 범인을 특정한 후 범죄자의 신문까지 지원하는 전문가를 말합니다. 이러한 프로파일러는 영화나 소설 속에서만 존재하는 사람들이 아닙니다. 실제 범죄 현장에서도 중요한 역할을 하고 있습니다. 특히 강력 범죄가 급증하고 증거를 남기지 않는 지능형 흉악범이 많아지면서 프로파일러의 중요성은 날로 커져가고 있습니다.

프로파일러가 범인을 찾아내는 전문적인 방법이 있는데 이것을 '프로파일링profiling' 기법이라고 합니다. 일반적으로 프로파일링이란 어떤 개인의 심리적, 행동적 특성을 분석함으로써 특정 상황이나 영역에서의 행동을 예상하는 것을 가리킵니다. 프로파일링은 여러 분야나 상황에서 의도적, 비의도적으로 발생합니다.

예를 들어 마케팅에서는 프로파일링을 통해 특정 소비자 계층을 집중적으로 공략하기도 합니다. 보험회사에서 보험 가입자의 특성에 따라 보험료를 차등적으로 책정하는 데에도 프로파일링이 사용됩니다. 경찰의 불심검문에서 특정 계층이나 성별이 집중적으로 검문의 대상이 된다면 이 역시 프로파일링이 개입되었다고 볼 수 있습니다. 그뿐만이 아닙니다. 고급 매장의 직원이 남루한 행색의 고객은 홀대하고, 화려한 옷차림의 고객은 친절하게 대한다면 이 역시 프로파일링이 작용한 것입니다. 과거에 시위를 원천 봉쇄하기 위해 시위가 예상되는 지역을 지나가는 젊은이들을 무조건 불법 연행한 것 역시 프로파일링을 잘못 활용한 예로 볼 수 있습니다. 여기서 우리는 자신의 커뮤니케이션 능력을 향상시키기 위한 아주 중요한 힌트를 얻을 수 있습니다.

만약에 우리가 사람들과 커뮤니케이션을 할 때 이 프로파일링 기법을 사용하면 어떨까요? 다른 사람들의 성격이나 기질적 특성을 파악해서 그들이 원하는 것이 무엇인지, 원하는 방법이 무엇인지 알 수 있다면 우리는 누구나 커뮤니케이션의 대가가 될 수 있습니다. 자, 지금부터 여러분을 흥미롭고 신기한 프로파일러의 세계로 초대합니다! 여러분에게는 특별한 능력이나 노력이 필요 없습니다. 그냥 우리가 이끄는 대로 편안하게 따라오시면 됩니다.

I CAN READ YOU

CHAPTER 4

프로파일링을 위한 인간의 4가지 기질

프로파일링의 시작, 기질별로 구분하기

김혁신 씨는 회사에서 새롭게 시작하는 신사업 마케팅 콘셉트에 관한 기가 막힌 아이디어가 떠올랐습니다. 김혁신 씨는 항상 유쾌하며 즐겁고 아이디어가 넘치는 사람입니다. 그는 즉흥적인 면이 강해서 어떤 생각이 나면 바로 사람들을 찾아가 자신의 이야기를 거침없이 하는 편입니다.

오늘도 여지없이 김혁신 씨는 자신의 동료 박정도 씨의 사무실에 불쑥 들어가 그에게 자신의 아이디어에 대한 이야기를 쏟아내기 시작합니다. 신이 나서 말하는 김혁신 씨와 달리 동료 박정도 씨는 별 반응이 없을 뿐만 아니라 김혁신 씨의 방문 자체를 달가워하지 않는 듯해 보입니다. 그는 팔짱을 낀 채 무표정으로 김혁신 씨의 이야기에 특별한 반응을 보이지 않습니다. 결국 김혁신 씨는 자신의 새로운 아이디어를 충분히 설명하지 못하고, 찝찝한 표정으로 자신의 자리로 돌아갑니다. 그런데 한 시간 정도 후에 김혁신 씨는 박정도 씨로부터 사내 메일을 받습니다.

그 메일의 내용은, 김혁신 씨의 신사업 아이디어에 대한 시장성과 수익성을 검토한 결과 사업의 성공 가능성이 높다는 판단이 선다는 것입니다. 더불어 내일 관련 자료를 좀 더 준비해서 본격적으로 아이디어 검토를 하자고 김혁신 씨에게 제안합니다. 이 내용을 본 김혁신 씨는 묘한 기분이 들고, 심지어는 당혹스러워 보이기까지 합니다. 김혁신 씨는 박정도 씨의 시큰둥한 반응에 자신의 아이디어가 무시당했다는 느낌이 들어 기분이 몹시 상했기 때문입니다.

박정도 씨의 관점에서 상황을 다시 보겠습니다. 박정도 씨는 신사업에 대한 자료를 조사 중이었고, 그에 관한 사업 타당성을 분석하고 있는 중이었습니다. 그런데 갑자기 김혁신 씨가 예고도 없이 불쑥 나타나 자신의 업무를 방해합니다. 거기다 김혁신 씨는 자신이 생각한 아이디어를 쉴 새 없이 이야기하면서 자신에게 어떻게 생각하느냐고 계속 물어옵니다. 박정도 씨는 그가 아이디어를 명확하게 설명하지도 않고, 장황할 뿐만 아니라 주제에서 벗어난 잡다한 이야기까지 떠들어대서 머리가 지끈지끈 아프기 시작합니다. 김혁신 씨가 자신의 말을 마치고 돌아갈 때 즈음에는 마치 자신의 혼이 어디로 나간 듯한 기분까지 듭니다.

김혁신 씨가 돌아간 후 다시 마음을 가다듬은 박정도 씨는 다시 자신의 일에 집중하기 시작했습니다. 그런데 그는 곧 김혁신 씨의 아이디어와 자신의 아이디어가 매우 비슷하다는 것을 깨달았습니다. 심지어 자신이 고민하고 있던 부분에 대해 김혁신 씨의 아이디어가 해답이 될 수 있다는 생각도 들었습니다. 그래서 고민 끝에 박정도 씨는 김혁신 씨에게 다음 날 본격적인 회의를 하자는 메일을 보냅니다. 단, 김혁신 씨가 관련 자료를 충분히 준비해와야 된다는 조건에서 말입니다.

사회생활에서 이와 같은 모습은 흔히 볼 수 있습니다. 사람들은 저마다 자신의 기질에 따라 다르게 생각하고, 다른 소통방식을 취합니다. 위의 사례에서 김혁신 씨는 아이디어가 넘치는 창조가의 기질이고, 박정도 씨는 꼼꼼하고 안정적인 분석가 기질의 소유자입니다. 그래서 자신의 기질에 맞게 행동하고 소통한 것입니다. 문제는 서로가 정반대의 기질을 가졌기 때문에 서로의 행동에 대해서 의아했던 것입니다. 따라서 사람들의 기질을 프로파일링 할 수 있다면 다른 사람들, 특히나 자신과 전혀 다른 사람들과 대화를 할 때 큰 도움을 얻을 수 있습니다.

프로파일링의 시작은 우선 인간을 기질별로 구분해보는 것입니다. 전 세계 70억 인구는 모두 제각각 자신만의 고유한 기질적 특성을 가지고 있습니다. 마치 지문과 같이 말입니다. 하지만 좀 더 깊이 들여다보면 어떠한 형태로든 공통된 특성을 가지고 있다는 것도 사실입니다. 인간은 피부색, 성별, 나이, 지역 등 다양한 방식으로 '그룹화grouping'가 가능합니다. 마찬가지로 사람들이 가지고 있는 기질도 그와 같은 방식으로 구분이 가능합니다. 우리 선조들이 밀림에서 나와 초원에서 역할 분담을 했던 것을 기반으로 분류해보면 사람의 기질은 크게 4가지 유형으로 나눌 수 있습니다. 창조가, 상담가, 행동가 그리고 분석가가 바로 그것입니다.

사람들은 의식적이든 무의식적이든 언어, 비언어, 이미지, SNS, 사무실

공간 등의 사용과 연출을 통해 자신만의 고유한 개성을 드러냅니다. 언뜻 보면 이것은 매우 다양하고 제각각인 것처럼 보입니다. 하지만 흥미롭게도 개인의 이러한 스타일은 일정한 패턴을 가지고 있고, 이 패턴은 인간의 기질에 따라 달라집니다.

사람들은 저마다 어떠한 특질特質을 가지고 태어납니다. 이 특질은 '체질體質'과 '기질氣質'로 나뉩니다. 체질은 우리가 세상에 태어날 때부터 지니고 있는 몸의 생리적 성질이나 건강상의 특질을 말합니다. 대표적인 체질 이론으로는 조선 말엽 이제마 선생이 주창했던 '사상체질四象體質'이 있습니다. 이 사상체질은 사람의 체질을 '태양인', '소양인', '태음인' 그리고 '소음인'으로 나눕니다. 사상체질은 체질적 특성에 따른 생리, 병리, 진단, 치료와 약물에 대해 소개하고, 나아가 정신과 육체의 조화에 이르기까지 새로운 방향을 제시한 한의학적 이론입니다.

반면에 기질은 특정한 유형의 정서적 반응을 보여주는 개인의 성격적 소질을 말합니다. 기질을 이용해 사람을 나누는 대표적인 이론은, 고대 그리스의 의사인 히포크라테스Hippocrates에서 시작된 '체액론'이 있습니다. 히포크라테스의 사상을 물려받은 갈레노스Galenos는 인간의 기질을 '담즙질', '우울질', '점액질' 그리고 '다혈질'로 구분하였습니다. 그는 인간의 이 4가지 기질 중 어떤 것이 특별히 우월하다고 할 수는 없고, 유형마다 고유하고 독특한 능력이 있다고 주장하였습니다. 이러한 개인의 기질은 각각의 개인이 '세상을 바라보는 관점'의 토대가 됩니다. 그리고 이 관점은 삶의 가치관에 영향을 줍니다. 즉, 어떤 것에 '중점'을 두는가에 따라 개인의 라이프스타일도 달라지는 것입니다.

기질은 특정 사람이 어떤 사람인지를 알려주는 중요한 단서입니다. 나이가 어려도, 나이가 들어도 그 사람의 정체성이 변하지 않고 온전히 담겨 있는 것은 바로 이 기질 때문입니다. 또한 기질은 그 사람의 과거와 현재를 묶어주고 나아가 앞으로 그 사람이 어떻게 살 것인지, 어떤 선택과 행동을 할 것인지를 알려주기도 합니다. 따라서 상대방이 어떤 사람인지를 파악하고 그들의 스타일을 이해함으로써 상대방과 원활한 커뮤니케이션이 가능해집니다. 그렇기에 인간의 4가지 기질이 무엇인지에 대해 이해하는 것은 매우 중요합니다. 이번 장에서는 4가지의 기질 유형이 어떤 특징을 가지고 있는지 자세히 알아보도록 하겠습니다.

4가지 기질 중 우선 창조가부터 살펴보겠습니다. 창조가의 대표 키워드는 '아이디어idea'입니다. 창조가 기질의 사람들을 가슴 뛰게 만드는 것

은 바로 세상에 대한 '호기심'입니다. 그래서 이들은 늘 새롭고 신선한 경험을 추구하는 모험가로서의 삶을 살아가게 됩니다.

두 번째는 상담가입니다. 이들의 대표 키워드는 '필링feeling', 즉 느낌과 감정입니다. 상담가 유형의 삶에 가장 중요한 영향을 미치는 것은 바로 '사람'입니다. 그래서 이 기질의 사람들은 세상을 '관계' 중심으로 바라봅니다.

세 번째는 행동가입니다. 이들의 대표 키워드는 말 그대로 '액션action', 즉 '행동'입니다. 이들에게 있어서 실천하지 않는 지식은 진짜 지식이 아닙니다. 행동가 기질의 사람들에게는 '성취감'이 가장 중요합니다.

4가지 기질의 마지막은 분석가입니다. 이들의 대표 키워드는 '팩트fact', 즉 '사실'입니다. 이들은 세상의 모든 것은 원칙이 있다는 생각을 가지고 있습니다. 원칙주의자로서 분석가 기질의 사람들은 '정확함'을 가장 중요하게 생각합니다.

도형을 통해 보면 이 4가지 기질의 특성을 이해하기 쉽습니다. 우선 창조가는 '지그재그' 같은 특성을 가지고 있습니다. 다른 3가지 도형과 달리 이 지그재그는 처음과 끝이 만나지 않습니다.

정확히 말하자면 이 지그재그는 도형이 아닙니다. 그래서 창조가 유형이 다른 유형의 사람들에게 자주 듣는 말이 '참 특이하다'입니다. 이 기질의 사람들은 자유롭고 창의적이며 새롭고 참신한 아이디어가 항상 넘치는 '아이디어 뱅크'입니다.

두 번째로 상담가는 '동그라미'입니다. 동그라미는 모서리가 없는 유형이기에 부드러움을 나타냅니다. 이러한 원의 특성 때문에 상담가들은 원만한 성격을 가지고 있으며, 타인이 바라봤을 때 편안함과 아늑함을 느끼게 됩니다. 즉, 이들은 포용력이 있고, 어디서든 사람들과 잘 어울리는 '프

로커뮤니케이셔너'입니다.

세 번째로 행동가는 '세모'에 비유할 수 있습니다. 삼각형은 3가지 선이 연결되어 위를 향하고 있습니다. 이것은 중력을 거슬러 위를 향해 올라가려는 행동가들의 특징을 그대로 보여줍니다. 따라서 이들은 항상 자신감을 가지고 불가능한 것에 도전하고 추진력을 가지고 목표에 대한 성취를 이루어냅니다. 마치 '불도저'같이 말입니다.

마지막으로 분석가를 나타내는 도형은 바로 '네모'입니다. 네모는 4가지 도형 중 유일하게 4가지의 선線과 4가지 면面을 가지고 있습니다. 이것은 믿음직하고 안정감을 줍니다. 분석가 유형은 이 네모만큼 신중하고 철저한 사람들입니다. 이들은 마치 인간 '현미경' 같은 사람들입니다. 이제부터는 본격적으로 각 기질이 가지고 있는 특징을 좀 더 자세하게 알아보겠습니다!

● '즐거움과 새로움'을 통해 자신만의 독특한 관점으로 세상을 바라보고 표현하는 창조가

창조가 유형의 사람들이 가장 중요하게 생각하는 가치는 바로 '비전'과 '가능성'입니다. 그래서 이 유형의 사람들은 새로운 자극을 끊임없이 찾아다닙니다. 그만큼 이들은 다양한 분야에 호기심이 많고, 궁금한 것은 꼭 경험을 해봐야 직성이 풀리는 유형입니다. 창조가 유형의 사람들은 어떠한 결과보다는 과정 그 자체를 즐기는 사람들입니다. 이들은 자신이 겪은 다양한 경험들을 조합하고 융합해서 기존에 없던 새로운 것들을 창조해냅니다.

특히 창조가 유형의 사람들은 세상을 폭넓게 바라보고 이해하기 때문에 어떠한 현상 이면의 본질을 파악해내는 통찰력과 직관력이 뛰어납니다. 또한 이들만의 독특한 관점과 재치 있는 표현들을 통해 자신의 아이디어를 재미있고 흥미롭게 주변에 전달합니다. 한마디로 이들은 훌륭한 '스토리텔러story teller'입니다. 이들은 함께하면 단 한순간도 지루할 틈이 없는, 즐겁고 유쾌한 사람들입니다.

● '같이'의 '가치'를 통해 사람들 속에서 활력을 얻고 또 사람들에게 활력을 주는 상담가

상담가 유형의 사람들은 '사람'과의 '관계'를 통해서 세상을 바라봅니다. 사람은 모두 고유하고 특별하며 소중한 존재라고 여기는 이들은 평화로운 세상을 꿈꿉니다. 이들은 승자와 패자를 가르기보다는 모두가 만족할 수 있는 최대 다수의 최대 행복을 원합니다. 상담가 유형의 사람들은 누군가 혼자 빨리 가는 것보다는 모두 다 함께 가는 것에 더 큰 가치를 둡니다. 즉, 이들은 삶이 '2인 3각' 달리기 같기를 원합니다. 사랑하는 사람들과 발맞추어 가면 됩니다. 1등을 하는 것에 큰 의미를 두지 않는 이들은 타인과의 상호 교류를 통해 삶의 에너지를 얻습니다. 특히 이들에게는 다른 사람과의 관계에 있어 마음과 마음을 잇는 '정서적 교감'이 가장 중요합니다. 그만큼 상담가 유형의 사람들은 사교력이 뛰어나고 사람들과 대화하기를 좋아합니다.

이들은 다른 유형의 사람들보다 타인의 감정과 기분을 읽을 수 있는 직감이 발달했기 때문에 사람들의 말투 속에서 보이는 미묘한 차이로도 그 사람의 내적 감정 변화를 쉽게 캐치해낼 수 있습니다. 또한 이들은 수용력, 유연성, 배려심이 뛰어나서 처음 만났는데도 오랜 친구 같은 친근함으로 사람들을 편안하게 만드는 사람들입니다.

● 뛰면서 생각한다!
'목표 달성'을 위해 과감하게 도전하고 실행하는 행동가

행동가 유형의 사람들은 이름처럼 '행동action'과 '성취'에 가장 큰 가치를 둡니다. 이들은 목표한 바를 최대한 빠르게 성취하기 위한 유일한 방법이 바로 행동하는 것이라고 생각합니다. 이 때문에 행동가 유형의 사람들은 모든 사안에 주저함 없이 단호하게 결정을 내립니다.

'목표'와 '결과' 중심으로 세상을 바라보는 이들은 추측이나 상상에 의한 가설보다는 경험적인 사실들을 바탕으로 행동합니다. 이들은 신속하게 커뮤니케이션 하며 좀 더 현실적이고 실용적인 해결책을 찾아냅니다. 또한 한번 목표한 것은 반드시 이뤄내야 직성이 풀리는 행동가 유형의 사람들은 문제 해결력과 집중력 그리고 추진력이 매우 뛰어납니다. 이들은 목표 달성을 위해서라면 위험을 감수하고서라도 과감히 도전합니다.

행동가 유형의 사람들은 자신의 한계를 뛰어넘기 위해 끊임없이 더 높은 목표를 세우고, 주도적으로 성취해가는 사람들입니다. 이들에게 있어서 유일한 경쟁자는 바로 자기 자신뿐입니다. 결과를 만들어내기 위해 할 수 있는 모든 것을 실천하는 행동가 유형의 사람들과 함께라면 세상에 이루지 못할 것은 아무것도 없을 것입니다!

● '정확한 정보'를 통해 꼼꼼하게 검토하고 신중하게 판단하는 분석가

분석가 유형의 사람들은 '안전'과 '원칙'을 가장 중요하게 생각합니다. 그래서 이들은 세상을 '객관적인 정보' 중심으로 바라봅니다. 이 유형의 사람들은 매사에 신중하고 체계적으로 접근합니다. 이들은 충분한 조사와 검증을 통하지 않고서는 선불리 결론을 내지 않습니다. 또한 아이디어, 개념, 계획이나 이론 등이 아무리 과거에 입증된 것이라 할지라도 자신이 직접 철저하게 분석하고 테스트를 해야만 확신을 가집니다.

분석가 유형의 사람들은 그만큼 분석력, 논리력, 준비성 그리고 꼼꼼함

한눈에 보는 4가지 기질

구분	창조가 REVOLUTIONER	상담가 EMOTIONER	행동가 ACTIONER	분석가 DETECTOR
니즈	즐거움과 새로움	사람과의 관계	목표와 성취	안전과 원칙
동기	세상에 대한 호기심	사람에 대한 관심	성과 달성에 대한 성취감	검증된 정확한 정보
특징	- 자유로운 영혼 - 재미와 새로운 변화 - 아이디어뱅크	- 같이의 가치 - 협력과 조화 - 프로커뮤니케이셔너	- 말보다 행동 - 도전과 성취 - 카리스마적 리더	- 신중한 계획 - 원칙과 질서 - 훌륭한 행정가
강점	통찰력/직관력/창의력/설득력/콘셉트 도출	포용력/직감력/친화력/협상력/공감 능력	추진력/집중력/결단력/실행력/문제 해결력	분석력/준비성/논리력/체계적/세밀함

이 뛰어나 복잡한 문제를 해결하고 세부적인 계획을 수립하는 데 능숙합니다. 이들의 라이프스타일을 보면 규칙적인 일상에서 안정감을 느끼기 때문에 쉬는 날에도 어떻게 쉴지 미리 계획을 세워놓습니다. 또 자신이 계획한 것 그리고 약속한 것은 반드시 지키기 때문에 이들은 주변 사람들에게 강한 믿음과 신뢰를 줍니다.

I CAN READ YOU

CHAPTER 5

4가지 기질의 프로파일링 패턴: 표정과 몸짓의 의미

비언어적 단서로 기질 파악하기

사람들은 일을 하거나 대화를 하면서, 심지어 아무것도 하지 않고 있을 때에도 비언어를 통해서 자신의 기질을 끊임없이 드러냅니다. 이는 본능적으로, 또 무의식적으로 나타납니다. 사람들은 자신의 타고난 기질에 따라 세상을 바라보고, 그 관점을 통해 삶을 살아갑니다. 이 때문에 자신들의 기질이 비언어적 단서들을 통해 자연스럽게 나타나는 것입니다. 따라서 이러한 단서들을 모아서 종합해보면 상대방의 기질을 파악하는 것이 가능한 것입니다.

그렇다면 이러한 비언어적 단서들을 어떻게 파악할 수 있을까요? 대표적인 방법으로는 대화를 할 때 주로 어떤 표정을 짓는지, 어떤 몸짓을 사용하는지를 관찰하는 것입니다. 4가지 기질 각각에는 그들만이 편안하게 사용하는 특유의 표정과 행동이 있습니다. 따라서 이러한 비언어 패턴을 통해 상대방이 어떤 기질의 사람인지를 알아낼 수 있고, 이는 효과적인 대인관계 및 의사소통에 상당한 도움이 될 것입니다.

이 장에서는 각 기질별 공통된 비언어적 패턴을 파악하는 방법에 대해서 알아볼 것입니다. 그전에 우선 인간의 표정과 몸짓이 어떤 의미를 가지고 있는지 자세히 살펴볼 필요가 있습니다. 보디랭귀지에서 가장 중요한 것은 단순히 표정과 동작이 어떤 의미를 가지고 있는지를 파악하기 이전에 '왜 이런 표정과 동작을 취했는가'에 대한 이해가 반드시 전제되어야 하기 때문입니다. 그렇지 않으면 보디랭귀지는 소통의 도구가 아니라 편견과 오해를 불러일으킬 수 있습니다.

● 표정의 의미

일반적으로 사람들이 누군가를 쳐다볼 때 처음으로 보는 신체 부위는 어디일까요? 대부분의 사람들은 상대방의 머리와 얼굴을 먼저 쳐다보기 마련입니다. 사람의 얼굴은 눈과 코, 입, 귀, 턱 등으로 이루어져 있습니다. 얼굴은 표정을 포함한 다양한 비언어적인 단서들로 가득 차 있습니다. 사람들은 주변 사람들에게 자신이 말하지 않는, 혹은 말하고 싶어 하지 않는 자신의 내면의 속마음을 자신의 머리와 얼굴을 통해 전달합니다. 그래서 머리와 얼굴을 인간 전체 몸의 '대변인'이라고 부르는 것도 무리는 아닐 것입니다. 창조가, 상담가, 행동가 그리고 분석가, 이 4가지 기질 역시 얼굴을 통해 자연스럽게 드러납니다. 인간의 표정은 보디랭귀지를 파악함에 있어서 대단히 유용한 정보를 제공합니다. 그래서 표정은 사람의 감정에 대한 정확한 척도가 될 수 있습니다.

인간의 얼굴과 표정을 통해 기질을 프로파일링 하는 것과 관련해서 전 세계적으로 선풍적인 인기를 끌었던 미국 드라마가 하나 있습니다. 바로 〈라이 투 미Lie to me〉입니다. 이 드라마는 사람들의 미세한 표정 변화만으로 거짓말을 읽어내는 칼 라이트만 박사의 활약을 그린 심리 수사물입니다.

주인공 라이트만 박사의 실제 모델이 있습니다. 그 사람은 바로 폴 에크만Paul Eckman 교수입니다. 그는 1960년대 후반부터 여러 해 동안 전 세계에 걸쳐 다양한 나라들을 돌면서 사람들의 표정을 연구하였습니다. 그 결과 전 세계 21개국에서 6가지 기본 감정을 나타내는 동일한 얼굴 표정이 있다는 것을 밝혀냈습니다. 그것은 바로 행복, 공포, 분노, 슬픔, 놀람 그리고 혐오입니다. 심지어 에크만 교수는 현대 문명과 접할 기회가 전혀 없었고, 고대의 전통적인 방식으로 살아가고 있는 아프리카 뉴기니아New Guinea의 원주민들과 3년 동안 같이 살면서 그들의 얼굴 표정을 관찰하기도 하였습니다. 그는 결국 다른 문명화된 나라의 사람들이 보이는 감정의 표정을 뉴기니아의 원주민들도 똑같은 방식으로 표현한다는 것을 확인하였습니다. 폴 에크만 교수가 내린 결론은 다음과 같습니다. 인간의 기본적인 감정을 담은 표정은 '전 세계적으로 동일하다는 것'입니다.

그렇습니다! 특정한 표정은 전 세계적으로 동일합니다. 전 세계 사람들 누구나 어떤 사람이 웃음을 짓고 있다면 그 사람은 행복한 기분을 느끼고 있다는 것과 자신이 처한 상황에 대해 만족스럽게 생각한다는 것을 알 수 있습니다. 그 사람이 누군가를 만나고 있다면 그가 만나고 있는 사람들에게 호의적인 감정을 가지고 있다는 것도 역시 알 수 있습니다. 반면에 어떤 사람이 울고 있다면 그 사람은 지금 슬픈 감정을 느끼고 있거나 고통을 느끼고 있다는 것도 알 것입니다. 분명히 표정은 인간이라는 공통분모 아래서 상당히 많은 유사성을 가지고 있습니다. 하지만 각 나라마다, 각 문화권마다 사람들의 체형이나 피부색에 따라 감정을 나타내는 보디랭귀지가 다양한 것도 사실입니다. 이와 마찬가지로 인간은 자신이 타고난 각각의 기질별로 주로 사용하는 표정이 다르다는 것 역시 사실입니다.

세계 여러 나라의 시나 문학 작품들을 살펴보면 등장 인물의 표정 묘사를 통해 작품의 메시지를 전달하고 있음을 알 수 있습니다. 왜냐하면 표정을 통해 우리는 상대방의 의도가 무엇인지 파악해낼 수 있기 때문입니다. 그래서 표정은 우리의 영혼과 감정을 드러내는 출입구라고 해도 과언이 아닐 것입니다. 우리는 얼굴 표정을 통해 상대방이 어떤 기질을 가지고 있는지, 또한 대화에서 그들이 가장 중요하게 생각하는 것이 무엇인지도 유추해낼 수 있는 것입니다.

● 몸짓의 의미

우리는 지금까지 인간의 감정이 주로 얼굴 표정을 통해 전달된다는 것을 확인해보았습니다. 하지만 최근 연구 결과들을 통해 감정과 관련된 커뮤니케이션과 의사결정에서 몸짓 신호가 표정만큼이나 중요하다는 것이 밝혀졌습니다. 인류의 보편적 감정 중 하나인 공포라는 감정을 통해 그것이 사실임을 확인해보겠습니다.

여러분이 밤늦게 골목길을 걷고 있는데 갑자기 이상한 소리가 들려 뒤를 돌아봤다고 해봅시다. 골목 끝에서 무엇인가 여러분에게 달려오고 있는데, 그것은 바로 사람보다 더 큰 투견 같아 보이는 개였습니다. 이때 여러분은 어떻게 하시겠습니까? 앞에서 설명했던 것처럼 여러분은 아마 다음과 같은 둘 중 하나의 행동을 할 확률이 높습니다. 'fight싸움' 또는 'flight도망'이 바로 그것입니다.

첫 번째는 '도망' 반응입니다. 우리 뇌에서 인간의 본능을 담당하고 있는 '뇌간'은 위험한 상황을 감지하면 본능적으로 우리 몸이 '도망' 반응을 내보냅니다. 이 반응의 목적은 위협에서 재빠르게 벗어나거나 최대한으로 위험과 거리를 두는 데에 있습니다. 같이 있고 싶지 않은 사람을 만났을 때 자신도 모르게 몸의 방향이 출입구 쪽으로 향하는 동작이 그 좋은 예라고 할 수 있겠습니다.

두 번째는 '싸움' 반응입니다. 위험에 직면했는데 거리를 두거나 도망치는 것으로도 위험을 제거할 수 없는 상황이 되면 '싸움' 반응을 하게 됩니다. 인간의 싸움 반응의 대표적인 것들은 바로 몸을 크게 만들기나 손가락으로 가리키기 등의 '공격적인 행동' 등입니다.

이러한 2가지 본능적인 반응 말고 한 가지 반응이 더 있습니다. 바로 'freeze정지' 반응입니다. 동물들은 포식자나 다른 위험 앞에 서면 우선 몸을 '정지'함으로써 자신을 방어합니다. 움직임은 주의를 끌기 때문입니다.

이와 같은 정지 반응은 자신을 잡아먹으려고 하는 뱀 앞에서 생쥐가 아무 움직임 없이 멈추어 서 있는 것과 같은 반응입니다. 인간도 마찬가지입니다. 범행과 관련된 조사를 받는 사람들이 보통 자신의 다리를 꼬거나, 의자 다리에 자신의 다리를 걸쳐 안전한 위치에 고정시키려고 하는 것도 이러한 반응에서 비롯된 것입니다. 이러한 위협에 대항하는 본능적인 반응은 일상적인 상황에서도 우리의 몸짓을 통해 크게 2가지로 구분할 수 있습니다. 바로 '열린 자세open gesture'와 '닫힌 자세closed gesture'가 그것입니다.

● 파워 존

인간의 몸에는 '파워 존power zone'이라는 곳이 존재합니다. 이곳은 인간의 생명과 직결되는 부위, 즉 '목', '가슴' 그리고 '사타구니'입니다. 인간은 자신이 처한 상황에 따라 이 부위를 열거나 닫는 몸짓을 사용합니다. 환경이 호의적인 경우에는 이 파워 존을 개방할 것이고, 호의적이지 않은 부정적인 상황에서는 이 신체 부위를 막음으로써 자신의 몸을 보호하려 한다는 것입니다.

우선 '열린 몸짓'부터 알아보겠습니다. 열린 몸짓은 손바닥을 상대방에게 보이게 하고, 다리도 꼬지 않고 있거나 몸을 개방한 상태로 있는 것이 대표적인 사례입니다. 이것은 상대방에게 자신의 마음을 열고 있고, 다른 사람이 다가오는 것을 허용하면서 자신감이 가득 차 있다는 것을 의미합니다. 우리는 좋아하는 사람과 있으면 몸을 개방한 채 편안한 자세와 행동을 취하게 됩니다. 반면에 좋지 않은 감정을 가지고 있다면 팔짱을 끼거나 자신의 몸을 상대방과 다른 방향으로 돌릴 것입니다.

열린 몸짓은 사회적으로 지위가 높거나 권력을 가지고 있는 사람들에게서 쉽게 볼 수 있습니다. 기업에서 직위가 높은 사람일수록 이러한 열린 몸짓을 많이 사용할 것입니다. 또한 이 자세를 취하는 기질도 따로 있을 것입니다. 매사에 자신감이 넘치고 적극적이고 개방적인 기질을 가지고 있는 사람들은 자신의 몸을 자연스럽게 열고 살아갑니다.

다음으로는 '닫힌 몸짓'입니다. 이 자세는 손바닥을 보이지 않게 하고, 팔짱을 껴서 몸을 가리거나 다리를 꼬고 앉는 것 등을 말합니다. 이것은 상대방과 거리를 두고 있고, 다른 사람의 접근을 허용하지 않으며, 자신감을 상실하거나 스트레스를 받고 있음을 나타냅니다. 기업에서는 지위가 낮을수록 이러한 닫힌 몸짓을 많이 사용하게 됩니다. 상사 앞에서 주눅들어 머리를 숙이고, 무화과 잎 자세(양손으로 자신의 사타구니를 가리는 자세)를 하고 서 있는 신입사원들의 모습은 이런 닫힌 몸짓의 대표적인 예입니다. 방어적이고 사교성이 높지 않은 기질의 사람들은 자신의 몸을 닫은 상태에서 스스로 안정감을 느끼며 살아갈 것입니다.

I CAN READ YOU

CHAPTER 6

온몸으로 아이디어를 표현한다!: 창조가의 '설명하는 몸짓'

창조가의 프로파일링 단서

온몸으로 아이디어를 표현한다! 설명하는 몸짓

이제 본격적으로 프로파일링 하는 방법에 대해 설명을 드리겠습니다. 우선 창조가부터 살펴보겠습니다. 창조가 유형의 프로파일링 핵심 단서는 바로 '설명적 몸짓responsive gesture'입니다. 설명적 몸짓이란 상대방이 자신이 하는 말을 잘 알아듣고 흥미와 재미를 느낄 수 있도록 만들기 위해 사용하는 행동을 말합니다. 특히 창조가 유형의 사람들은 자신만의 독특한 아이디어나 생각들을 전달하기 위해 이러한 설명적 몸짓을 능숙하게 사용합니다. 이 몸짓은 전체적으로 보면 크고 다양하며, 빠르고 부드럽습니다.

설명적 몸짓의 대표적인 사례들로는 '다양하고 풍부한 표정', '리듬을 타는 행동', '자유분방한 자세', '손바닥 크게 펼쳐 보이기' 등이 있습니다. 그리고 이러한 행동들은 공통적으로 다음과 같은 의미를 담고 있습니다.

'나는 당신에게 개방되어 있어요.'
'나의 흥미로운 이야기를 집중해서 들어주세요.'
'나는 당신과의 대화가 무척 즐겁습니다.'

창조가 유형 사람들의 대화 목적은 '새로운 자극을 통한 즐거움'을 얻는 것입니다. 그런데 여기서 핵심은 상대가 어떤 감정을 느끼는지보다 '자신이 얼마나 즐거운가'에 초점이 맞춰져 있다는 것입니다. 창조가 유형 사람들의 머릿속에는 끊임없이 새로운 생각들이 떠오르고, 이를 상대방에게 표현함으로써 자신의 존재감을 느끼기 때문입니다. 그래서 이들은 대화를 할 때 상대방에게 먼저 말을 거는 편이고, 다른 유형들에 비해 상대적으로 말을 많이 하는 편입니다. 이들이 말을 할 때에는 설명적 몸짓을 사용할 뿐만 아니라 다양한 음조와 음색을 통해 자신의 생각을 표현합니다.

창조가 유형의 사람들은 호흡이 길고 빠르게 말하는 편이라 사람들은 자신도 모르게 이들의 이야기에 푹 빠져들게 됩니다. 이들과 함께하는 사람들은 자연스럽게 창조가 유형의 사람들에게서 비타민과 같은 활발하고 활기찬 에너지를 느끼게 됩니다. 이는 창조가 유형만의 가장 강력한 무기입니다. 지금부터는 창조가 유형의 대표적인 프로파일링 단서들을 좀 더 자세히 살펴보도록 하겠습니다.

창조가의 프로파일링 단서 1: 표정

표정으로 말한다? 얼굴에서 흥이 넘치는 표정 부자

인간은 얼굴의 7,000여 개 안면신경을 활용하여 17가지의 표정을 표현할 수 있고, 표정을 통해 자신의 마음을 전달한다고 합니다. 특히 말을 하면서 얼굴 표정을 짓는 것은 인간만이 가진 고유의 특성입니다. 진화의 과정에서 다른 유인원과는 달리 얼굴을 뒤덮었던 털이 사라지게 되면서 우리 선조들은 서로의 표정을 더 쉽게 볼 수 있게 되었습니다. 그리고 점차 얼굴 표정으로 소통하는 능력을 더 강화시켰다고 합니다. 이렇게 선조들에게 물려받은 얼굴 표정은 오늘날 의사소통에서 아주 중요한 역할을 맡게 되었습니다.

창조가 유형은 이러한 얼굴 표정을 가장 잘 활용하는 사람들입니다. 이들은 대화를 할 때 크고, 부드러우면서도 다양한 얼굴 표정을 보여줍니다. 이러한 표정에 맞춰 다양한 목소리의 높낮이 변화를 통해 이들은 자

연예인 혜리

출처 https://www.ajunews.com/view/20160413171803512

신의 감정이나 생각을 더 풍부하게, 그리고 재미있게 표현합니다. 창조가 유형의 사람들이 사용하는 다양한 얼굴 표정은 공통적으로 다음과 같은 의미를 가지고 있습니다.

'내가 하는 말을 잘 들어보세요.'
'내가 지금부터 하는 말은 흥미롭고 재미있을 것입니다.'
'내 얼굴만 봐도 내가 무슨 말을 하려고 하는지 알 것입니다.'

영화 〈마스크The Mask〉로 유명해진 할리우드의 인기 스타 짐 캐리James Carrey 하면 그의 다양하고 풍부하고 익살스러운 표정이 떠오를 것입니다. 창조가 유형의 사람들은 일상에서 이러한 짐 캐리의 표정을 사용합니다.

이들의 풍부한 얼굴 표정은 창조가 유형 사람들의 머릿속에서 얼마나 다양한 생각들이 동시에 처리되고 있는지를 보여주는 핵심 단서입니다. 창조가 유형은 기질적으로 여러 생각들과 행동들을 동시에 할 수 있습니다. 따라서 이들 유형만의 풍부한 얼굴 표정은 상대방에게 유쾌한 인상을 주고, 활기찬 에너지를 느끼게 합니다.

창조가 유형의 사람들은 다른 사람들과 대화를 나눌 때 '생각의 교감'을 중요하게 생각합니다. 시시콜콜한 주변 사람들의 이야기나 단순한 업무적인 이야기에 집중된 대화는 이들에게 큰 관심의 대상이 아닙니다. 이들의 관심사는 현재 주변에서 벌어지고 있는 다양한 현상들, 그 현상들 안에 숨겨져 있는 본질들 그리고 그 현상과 본질들이 가져올 미래의 모습이

배우 짐 캐리의 익살스러운 표정

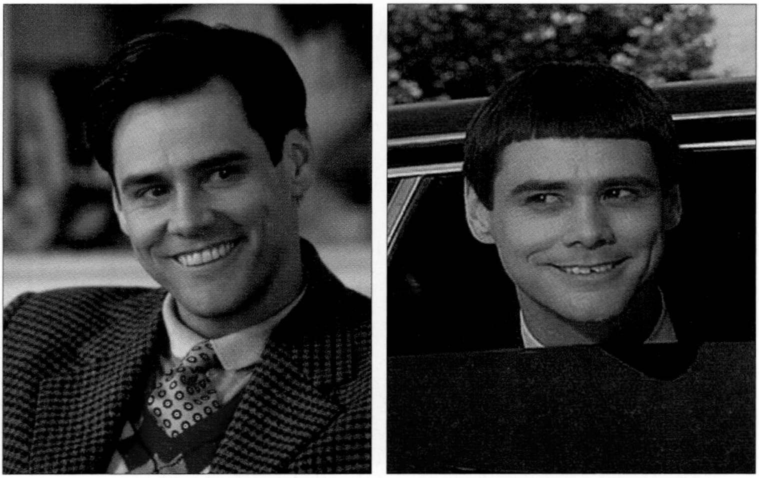

출처 (좌)https://blog.naver.com/nickykim156423?Redirect=Log&logNo=222160069139
(우)http://www.ohmynews.com/NWS_Web/View/img_pg.aspx?CNTN_CD=IA000605949

나 변화 등입니다. 창조가 유형의 사람들은 바로 이러한 주제들을 가지고 다른 사람들과 자신의 생각이나 아이디어를 폭넓게 나누고 싶어 합니다. 그래서 이들이 다른 사람들과 대화할 때 그 속도는 매우 빠르고 활기차며, 그들이 전달하는 이야기 안에는 다양한 사례와 은유들이 넘쳐나기 마련입니다.

창조가 유형의 사람들은 상대방과 대화하고 싶은 주제를 자신이 먼저 꺼내는 편입니다. 상대방에게 질문을 하지도 않고 그들의 생각은 묻지도 않습니다. 대신 해당 주제에 대한 자신의 지식이나 생각을 쉬지 않고 나열합니다. 만약에 상대방이 이들과 다른 생각을 밝히거나 이들의 생각에 의문을 표시한다면 창조가 유형의 사람들은 자신이 가지고 있는 지식의 폭을 최대한 넓히거나 대화의 주제를 확대해나가면서 대화의 무게 중심이 자신에게 넘어오게 만듭니다. 그래서 상대방이 자신의 지식 웅덩이에 자연스럽게 다가오게 하고, 끝내는 상대방이 자신의 이야기 속으로 깊숙이 끌려들어 갈 수밖에 없도록 만듭니다.

만약 누군가와 대화를 하는데 그 사람이 다양한 표정을 지으면서 그 표정만큼이나 많은 주제와 이야기로 끊임없이 말을 하고 있다면 그 사람은 100퍼센트 창조가 유형의 사람입니다. 이러한 특징 때문에 창조가 유형의 사람들과 대화를 하면 쉬지 않고 정신없이 왔다 갔다 하는 '비글(애완견의 한 종류)'이 떠올려지기 마련입니다. 이러한 창조가 유형 사람들의 다양한 표정과 대화 방식은 상대방(특히 분석가 유형의 사람들)의 정신을 혼란스럽게 만들고, 심지어 부담감을 느끼게 만들기도 합니다. 하지만 이들이 꺼낸 주제는 매우 흥미롭고 그들의 이야기는 매우 재미있어서 대부분의 사람들은 결국 시간 가는 줄도 모르고 그들의 이야기에 빠져들기 마련입니다. 지금부터는 이러한 이야기꾼인 창조가 유형의 대표적인 몸짓들을 좀 더 자세히 살펴보겠습니다.

창조가의 프로파일링 단서 2: 자세

기분 탓인가? 거부할 수 없는 흥(興)의 세계 '즐거움'과 '유쾌함'의 몸짓

창조가 유형 사람들의 자유분방함은 대화를 할 때에도 그대로 드러납니다. 이들은 대화를 할 때 자신의 생각이나 아이디어들을 설명하기 위해 상황이나 장소를 가리지 않고 아주 자유로운 몸짓과 자세를 취합니다. 이들은 다른 사람의 책상에 걸터앉아 이야기를 하거나, 서서 왔다 갔다 하면서 이야기를 하기도 하는 등 마치 자신의 집에 있는 것처럼 편하게 행동합니다. 창조가 유형의 사람들이 취하는 이러한 행동들은 공통적으로 다음과 같은 의미를 가지고 있습니다.

> '지금 나는 재미있는 생각에 몰두해 있습니다.'
> '내 이야기가 얼마나 흥미로운지 들어보세요.'
> '언제든지 나는 내 아이디어를 이야기할 준비가 되어 있습니다.'

창조가 유형의 사람들은 언제든지 다른 사람들과 생각의 교감을 할 준비가 되어 있습니다. 이들은 길을 걷다가도 흥미로운 생각이 떠오르면 즉시 그 자리에 서서, 또는 난간 같은 곳에 걸터앉아 자신의 생각들을 막힘없이 이야기할 것입니다. 즉흥적이고 직관적인 창조가 유형의 사람들은 생각이 떠오르는 즉시 이야기를 해야 직성이 풀립니다. 뿐만 아니라 이들은 "와!", "바로 이거야!"라고 감탄사를 지릅니다. 제자리에서 점프를 하거나, 양손을 위로 올리거나, 옆에 있는 누군가에게 갑작스럽게 '하이 파이브hi-five'를 하기도 합니다. 창조가 유형의 사람들은 언제 어디에서나 이러한 행동들을 서슴없이 합니다.

이들은 현대판 아르키메데스Archimedes입니다. 고대 철학자 아르키메데스는 목욕을 하던 중 오랫동안 고민에 빠져 있던 문제의 해답을 찾았습니다. 그는 너무 기쁜 나머지 옷을 벗고 있다는 것을 잊은 채 "유레카Eurka!"를 외치며 벌거벗은 채로 길거리를 뛰어다녔습니다. 창조가 유형의 사람들은 항상 자신의 생각이나 아이디어에 빠져 살기 때문에 자신들이 지금 어디에 누구와 있는지를 망각하는 경우가 흔합니다. 그리고 자신이 생각해낸 아이디어에 감탄하고 새로운 발견에 희열을 느낍니다. 기쁨에 빠져 이들이 하는 행동들은 아르키메데스가 길거리를 뛰었던 이유와 똑같은 것입니다. 다만 아르키메데스와 다른 점이 있다면 이들은 옷을 입고 뛰어다닌다는 것입니다.

창조가 유형 사람들의 이러한 갑작스러운 행동들은 상대방에게 이상한 사람으로 보이기 쉽습니다. 하지만 유쾌하고 아무렇지 않게, 그리고

자유로운 자세

출처 https://url.kr/qyvkst

환호하기

출처 https://url.kr/cgxo4r

엉뚱한 행동하기

출처 https://url.kr/d81gkv

너무나 자연스럽게 하는 이들의 행동은 다른 사람들을 자신의 무대에 자연스럽게 동참시킵니다. 창조가 유형의 사람들이 존재하는 모든 장소가 그들의 무대인 것입니다.

창조가 유형 사람들의 또 다른 몸짓 단서는 '리듬을 타는 행동'입니다. 이 행동의 대표적인 것으로는 '손가락 두드리기, 다리 떨기, 몸 흔들기' 등이 있습니다. 우리나라에서는 이러한 동작들이 '복이 나간다'는 등의 부정적인 의미로 해석되어 예의에서 벗어나는 행동으로 치부됩니다. 하지만 보디랭귀지 관점에서 보면 이 동작은 '스스로 만드는 즐거움'이라는 긍정적 의미를 가지고 있습니다. 창조가 유형의 사람들은 신이 날 때나 흥분이 될 때 이러한 행동을 함으로써 그 즐거움을 극대화시킵니다. 직장 상사가 일장 연설을 늘어놓을 때, 재미없는 과목의 수업을 들을 때, 그리고 다른 사람들의 진부한 이야기를 들어야 할 때 이들은 이러한 행동들을 통해 무료함을 달랩니다. 이러한 '몸으로 리듬 만들기' 동작들은 공통적으로 '흥興'을 올리려는 목적이 있으며, 이러한 행동들의 의미는 다음과 같습니다.

'나는 지금 즐겁습니다.'
'아주 흥미진진하네요.'
'당신도 나처럼 즐거웠으면 좋겠습니다.'

창조가 유형의 사람들은 번뜩이는 생각이 났을 때 그 흥분을 주체하지 못합니다. 마치 공연장에서 음악에 맞춰 리듬을 타듯이, 이들은 자신의 생각을 음악 삼아 몸에 리듬을 만듭니다. 그 리듬의 속도는 아주 빠릅니다. 이들의 말이 빠른 이유도 그와 같은 맥락입니다. 몸으로 리듬을 만들면 그만큼 호흡과 맥박이 빨라지면서 더 빠르게 흥분 상태에 도달합니다. 그 흥분과 기쁨을 전달하기 위해서는 말을 빠르게 해야 하는 것입니다. 이것이 바로 창조가 기질이 '활기찬 에너지'가 넘쳐나는, 또는 그렇게 보이는 이유입니다. 한마디로 창조가 기질의 사람들은 빠른 말에 맞춰 빠른 행동을 취하고, 그 빨라진 행동에 맞춰 말이 더 빨라집니다. 창조가 기질의 대표적인 연예인인 노홍철 씨를 생각해보면 쉽게 이해가 될 것입니다. 이러한 가속도의 법칙을 통해 즐거움이나 흥분을 '증강增强'시키는 것이 이들이 보이는 '유쾌함의 비밀'인 것입니다.

축구 경기에 몰입하고 있는 한 남자의 모습을 떠올려봅시다. 월드컵 본선에 진출한 대한민국 축구팀을 응원하고 있는 이 남자는 모든 신경이 TV에 집중되어 있습니다. 아내나 자녀들이 옆에 있어도 그는 TV 모니터 이외에는 아무것도 보이지 않고, 축구를 중계하고 있는 아나운서 목소리 이외에는 그 어떤 소리도 들리지 않습니다. 치열한 경기가 이어지고 결국 승부차기를 통해 승부가 가려지는 순간입니다. 마지막 한국 선수가 축구공 앞에 서 있습니다. 이 선수가 골인에 성공하면 대한민국은 승리하게 됩니다. 이 남자는 긴장된 마음으로 이 순간을 지켜보며 무의식적으로 다리를 떨면서 그 긴장감을 달래고 있습니다. 결국 대한민국 선수는 극적으로 골을 넣는 데 성공하고, 한국 선수들은 서로 뒤엉켜 승리의 기쁨을 나눕니다. 그 순간 이 남자는 소파에서 일어나 양손을 올리고 기쁨의 환호성을 지릅니다. 옆에 있던 그의 아내와 아이들을 껴안으면서 승리를 함께 만끽합니다. 마치 자신이 대한민국 국가대표 축구팀의 일원인 것처럼 말입니다. 창조가 유형의 사람들은 평상시에 늘 이런 상태에 있습니다. 그들은 언제나 승리의 환호를 지르면서 양손을 들어올릴 준비가 되어 있는 것입니다.

창조가 유형의 사람들은 '자유로운 자세'와 '몸으로 리듬 만들기'를 통해 자신의 무궁무진한 아이디어를 표현하고, 즐거움을 통해 상대방을 설득합니다. 창조가 유형의 사람들이 여러분과 이야기를 나누고 있는 도중에 말이 빨라지면서 이런 행동들을 하기 시작한다면 이들은 지금 막 재미있는 아이디어가 떠올랐다는 신호를 보내고 있는 것입니다. 아니면 다른 사람들은 쉽게 알 수 없는 무엇인가 대단한 깨달음에 도달한 것일 수도 있습니다. 그때 이들은 여러분에게 다음과 같이 말할 것입니다.

"유레카! 방금 좋은 생각이 떠올랐는데 말이야."

창조가의 프로파일링 단서 3: 손짓

나도 모르게 빠져든다! 설득의 귀재 '손바닥 크게 펼쳐 보이기'

창조가 유형의 사람들이 들려주는 흥미로운 이야기는 사람들을 흠뻑 빠지게 만듭니다. 단순히 이들이 하는 이야기의 주제나 내용이 흥미롭기 때문만은 아닙니다. 사람들이 이들의 이야기에 빠져들게 하는 '마법의 주문' 같은 행동이 하나 있습니다. 그것은 바로 '손바닥 크게 펼쳐 보이기'입니다.

이들은 상대방에게 말을 하면서, 동시에 자신의 손바닥을 크게 펼쳐 보입니다. 말을 하면서 동작을 크게 하게 되면 상대방이 자신들의 이야기에 집중하게 만드는 효과가 있습니다. 창조가 유형의 사람들은 단순하게 손바닥을 크게 펼쳐 보이는 것에 그치지 않고, 아주 다양한 동작으로 변형시켜가며 이야기합니다. 예를 들어 손바닥을 아래로 크게 펼쳐 보이며 자신의 이야기를 강조하다가 양손을 크게 펼쳐 위로 올려 흔들면서 반가움이나 즐거움을 나타내기도 합니다. 또는 손바닥을 보인 채 크고 다양하며 부드러운 손짓을 하면서 자신의 생각을 표현하기도 합니다. 이러한 동작들은 다음과 같은 공통적인 의미를 가지고 있습니다.

'나의 이야기에 집중해주세요.'
'지금 말하는 아이디어는 아주 혁신적이고 흥미로울 것입니다.'
'나의 이야기를 당신에게 할 수 있어 매우 기쁩니다.'

창조가 유형의 사람들은 다른 유형에 비해 손짓을 많이 사용합니다. 그것도 아주 크고 종류도 다양합니다. 이들이 손짓을 할 때에는 늘 자신의 몸통 너비보다 크게 하는 특징이 있습니다. 이때 손을 쭉 펴 손바닥을 크게 펼쳐 보입니다. 만약 자신들이 강조하고 싶은 내용이 있거나 더 신이 날수록 그에 비례해 그들의 동작 역시 커집니다. 창조가 유형의 사람들은 손을 마치 자신의 생각을 전달하는 '대변인'처럼 사용합니다. 마치 손으로 허공에 자신의 생각을 그리는 것처럼 말입니다.

진화적으로 보았을 때 손바닥을 보인다는 것은 상대방을 해칠 무기를 가지고 있지 않다는 것을 의미합니다. 따라서 이러한 행동은 상대방에게 자신이 숨기는 것이 없고 호의적이면서도 개방적이라는 것을 의미하는 것입니다. 여기에는 숨겨진 의미가 하나 더 있는데, 그것은 바로 '나에게 집중'해달라는 것입니다. 창조가 기질의 대표적인 연예인인 노홍철 씨를 생각하면 떠오르는, 그의 대표적인 말과 행동이 하나 있습니다. "가는 거

양손 위로 크게 펼쳐 보이기

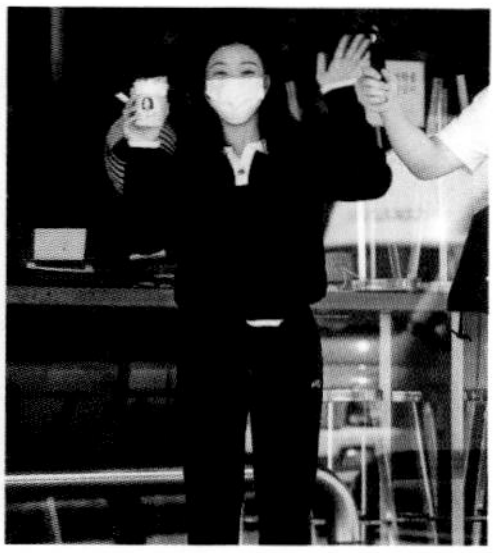

출처 (좌) http://star.fnnews.com/archives/457788
(중) https://news.nate.com/view/20211018n33580?mid=n0107
(우) http://star.fnnews.com/archives/458261

아래로 양손 펼쳐 보이기

출처 https://url.kr/rxqdbh

손바닥을 보인 채 크고 다양하며 부드럽게 손짓하기

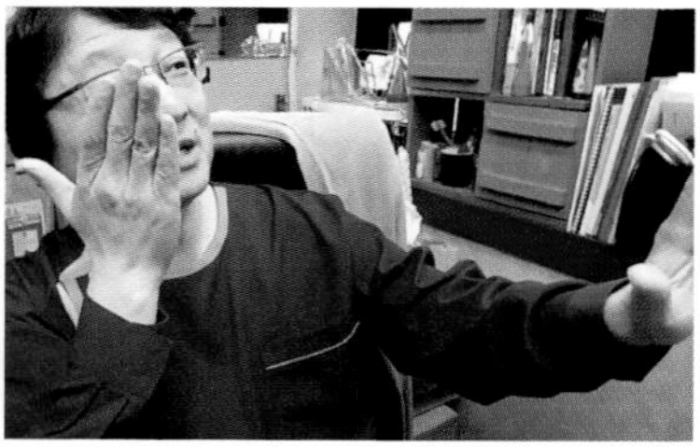

출처 SBS 웹예능 〈문명특급〉 내과의사 편(https://youtu.be/Lv8ZGou8DOY)

야!"라는 말과 함께 손바닥을 앞으로 펼치는 그의 동작, 이것이 바로 자신에게 집중해달라는 요청인 것입니다.

JTBC 예능 프로그램 〈잡스〉 기자간담회

출처 매일경제 스타투데이 박세연 기자

'손을 크게 펼쳐 보이기'는 '개방적 자세'의 대표적인 동작입니다. '개방적 자세'란 생명과 직결된 신체 부위, 즉 목, 가슴, 사타구니 등을 다른 사람들 앞에서 드러내는 것을 말합니다. 이러한 자세가 갖는 의미는 다음과 같습니다.

'나는 당신에게 숨길 것이 없습니다.'
'나는 당신을 편안하게 생각하고 있습니다.'
'나는 새로운 것을 받아들일 준비가 되어 있습니다.'

손바닥을 보이는 행동과 함께 익살스러운 표정까지 곁들여서 창조가 유형의 사람들은 '홍미로움'과 '진정성' 그리고 '자신감'까지 모두 보여줍니다. 이러한 개방적인 태도와 자신감은 사람들이 이들에게 관심을 갖고 이들이 하는 이야기에 푹 빠져들 수밖에 없게 만듭니다. 이러한 행동들을 통해 창조가 유형의 사람들이 여러분에게 외치고 싶은 말은 이렇습니다.

"나 지금 너무 즐거워 미치겠어!"

스티븐 콜베어
Stephen Colbert

한눈에 보는 창조가의 프로파일링 단서

크고 다양한 표정
편안하고 자유로운 자세
손바닥 크게 펼쳐 보이기

창조가의 프로파일링 추가 단서+

"내가 이렇게 창의적인 사람이다" 맥시멀리스트(maximalist) 사무실

창조가 유형 사람들의 사무실은 마치 예술가들의 작업실에 들어온 듯한 분위기를 풍깁니다. 작업을 하다가 급한 일이 있어서 서둘러 나간 듯해 보이는 이들의 사무실은 여러 가지 물건으로 어지럽혀져 있습니다. 이들의 사무실은 오직 자기 자신만을 위한 공간입니다. 따라서 창조가 유형의 사람들은 다른 사람들의 시선에는 전혀 관심이 없습니다. 오로지 자신만 편하게 쓸 수 있으면 됩니다. 물론 창조가 유형의 사람들 중에도 꾸미는 것을 좋아하는 사람들도 있습니다. 이런 사람들이라면 아마도 화려한 색상이나 독특한 가구들을 배치해둘 것입니다. 그 가구들과 함께 사무실 전체에 걸쳐 자신이 좋아하는 물건들을 여기저기 전시해둘 것입니다. 전체적으로 보면 이들의 사무실에는 온갖 잡동사니들이 넘쳐납니다.

창조가 유형 사람들의 사무실은 이들이 영감을 받을 만한 다양한 소품

아티스트 김건주 님의 사무실

출처 https://center.stunning.kr/desk/view/3

출처 (좌)https://hygall.com/337800502
(중)https://www.inven.co.kr/board/webzine/2097/570602
(우)https://ohou.se/projects/55489/detail

들로 가득 차 있습니다. 이는 삶에 다양한 자극을 원하는 이들의 기질이 그대로 드러나는 단서들입니다. 대표적으로 벽 여기저기 붙어 있는 여러 가지 '포스터', '사진' 그리고 '엽서'들이 있습니다. 엽서에는 자신이 좋아하는 문구가 적혀 있을 것이고, 사진이라면 자신이 평소 동경하던 작가의 작품일 것이며, 포스터는 자신이 특별히 애용하는 브랜드의 광고 포스터일 것입니다. 이들은 이런 소품들을 액자에 반듯하게 걸어놓기보다는 생각나는 대로, 그리고 기분 내키는 대로 테이프 등으로 대충 붙여놓았을 것입니다. 그리고 일단 한번 붙여놓으면 그 후로는 신경을 쓰지 않기 때문에 이 소품들에는 먼지가 가득 쌓여 있거나 낡아 있는 것이 대부분일 것입니다. 그 밖에 창조가 유형 사람들의 사무실에는 독특한 물건들이 이곳저곳 아무렇게 놓여 있습니다. 이 물건들은 독특함에 끌려 즉흥적으로 산 것들이 대부분입니다. 책장에 꽂혀 있는 서적들 역시 종교, 과학, 예술, 철학 등 그 범위가 매우 넓습니다. 이들은 '세상에 대한 호기심'이 넘치는 유형이기 때문에 다방면의 책들을 사 모읍니다. 하지만 그것들 중 끝까지 읽은 책은 많지 않을 것입니다. 이들이 어떤 책을 읽는 중간에 새롭게 관심이 가는 책이 또 생겼기 때문입니다.

창조가 유형의 책상 역시 마찬가지입니다. 여러 가지 서류 더미, 먹다 남은 과자나 음료수 그리고 여기저기 펼쳐져 있는 책들 등 도저히 종잡을 수 없을 듯한 물건들로 가득 쌓여 있습니다. 그래서 이들의 책상은 마치 태풍이 지나간 것처럼 보입니다. 그러나 재미있는 것은, 창조가 유형의 사람들은 스스로 그렇게 느끼지 않는다는 것입니다. 이들은 남들이 보면 무질서해 보이는 방이지만, 그 안에는 자신만이 알 수 있는 규칙과 패턴을 만들어놓았다고 생각하기 때문입니다. 하지만 그 믿음과는 다르게 무엇인가를 찾으려고 할 때 큰 어려움을 겪곤 합니다.

만약에 어떤 사람들의 방이나 사무실의 책상 구석에 뜯지 않은 채 방치되어 있는 소포나 우편물이 있다면 이들은 100% 창조가 유형일 것입니다. 만약 여러분과 친한 어느 창조가 유형 사람의 사무실에 방문했다고 가정해봅시다. 여러분과 약속을 했음에도 그는 그 방에 없습니다. 그를 기다리며 둘러보니 그의 사무실은 너무 지저분합니다. 특별히 할 일이 없는 여러분은 그를 위해 깨끗하게 청소를 하고 정리를 해놓습니다. 그가 돌아왔을 때 자신의 방이 깨끗하게 정리된 모습을 보고 놀라면서 여러분에게 고마워하는 모습을 기대하면서 말입니다. 결국 약속 시간을 한참 넘겨서 그가 사무실에 들어옵니다. 하지만 여러분이 기대했던 모습과는 달리 그는 매우 당혹스러워합니다. 여러분의 친절에 고마워하는 것이 아니라 오히려 매우 화가 난 것처럼 보이기도 합니다. 그의 모습은 어쩌면 그들에게는 당연한 것일지도 모릅니다. 왜냐하면 창조가 유형의 사람인 그가 지금 보고 있는 것은 누군가가 망쳐놓은 자신의 방, 아니 자신이 창조해낸 우주이기 때문입니다.

창조가의 프로파일링 추가 단서+

"내가 이렇게 개성 있는 사람이다" 편안하고 독특한 패션 스타일

평범한 것을 싫어하는 창조가 유형의 사람들은 독창적인 스타일을 선호합니다. 그래서 이들은 자신만의 개성이 드러나는 패션을 추구합니다. 예를 들면 기존의 옷의 형태에서 벗어난 오버핏의 재킷(자신의 사이즈보다 큰 재킷), 화려한 색감의 옷이나 독특한 무늬나 글이 적혀 있는 티셔츠 등이 있습니다.

오버핏 재킷 - 배우 한예리와 뮤지컬 배우 김호영

출처 (좌)https://www.hankyung.com/life/article/201810206515k
(우) http://m.stardailynews.co.kr/news/articleView.html?idxno=169107

컬러풀하고 독특한 무늬의 상의 - 가수 예원과 송민호

출처 (좌)https://newsinstar.com/news/article.html?no=51789'
(우) https://www.hankyung.com/entertainment/article/201906051906H

창조가의 패션 스타일 - 배우 변정수와 래퍼 비와이

출처 (좌)https://url.kr/vqaxtm
(우)https://www.kstarfashion.com/news/articleView.html?idxno=203797

하의는 자유롭게 활동할 수 있는 청바지 또는 편안한 바지나 치마를 선호합니다. 예를 들면 통이 큰 와이드 팬츠, 긴 치마 등이 있습니다. 특히 청바지는 창조가들을 대표하는 패션 단서로, 중요한 비즈니스 자리에서도 청바지를 입고 가는 경우가 많습니다. 여기에 신발 역시 매우 신경을 쓰는 편입니다. 왜냐하면 자신의 개성을 드러내는 데 중요한 패션 아이템이기 때문입니다.

자기의 개성을 추구하는 것이 창조가 유형의 패션 스타일이지만, 여기서 남성과 여성이 약간 다른 모습을 보입니다. 남성 창조가 유형은 단순히 유행을 따라가기보다는 어떤 형식이나 틀에 구속받지 않는 자유로운 의상을 즐겨 입습니다. 이들은 오래된 서류 가방이나 '패치patch, 장식용으로 덧

남성 창조가 유형의 가방 스타일

출처 (좌)오래된 가방, 픽사베이
(우)구찌 수프림 패치 백팩, https://www.farfetch.com/kr/shopping/women/gucci-gg-item-12511670.aspx

대는 가죽'를 붙여서 자신의 개성을 보여줄 수 있는 가방을 들고 다닙니다.

창조가들은 음식을 먹을 때에도 다른 사람들의 시선을 의식하지 않고, 오로지 자신의 이야기나 관심사에 집중되어 있습니다. 따라서 혹시 먹고 있는 음식물이 옷에 묻을지 걱정할 겨를이 없습니다. 그래서 자신의 가방이나 옷에는 점심에 무엇을 먹었는지 알 수 있는 흔적을 남기곤 합니다.

창조가 유형의 사람들은 자신만의 개성을 표현할 수 있는 '로고'가 큼직하게 박혀 있는 '액세서리'나 독특한 모양의 '반지' 또는 치렁치렁한 '목걸이' 등을 좋아합니다. 이런 창조가 패션의 과도함은 다른 사람들이 볼 때 한편으로 보면 멋있어 보일 수도 있지만 때로는 불편함을 주기도 합니다.

남성 창조가 유형의 액세서리 스타일

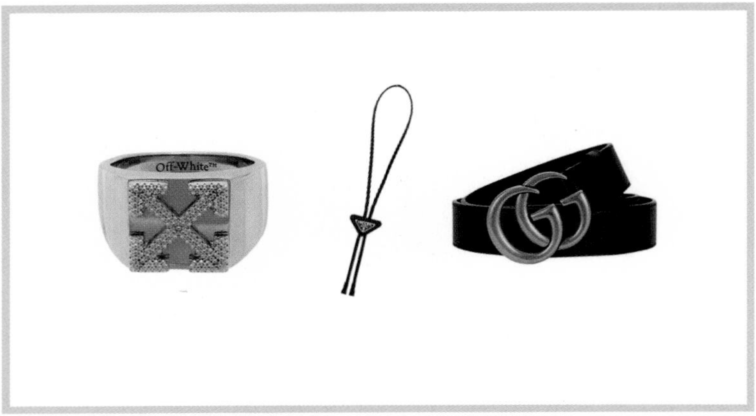

출처 (좌)오프화이트 반지, https://url.kr/q43ef9 (중)프라다 타이, https://url.kr/sn9mlw (우)구찌 벨트, https://url.kr/qz8dlu

여성 창조가 유형의 사람들도 남성과 마찬가지로 편안함과 개성을 추구하긴 합니다. 다만 이들은 상대적으로 남성보다는 유행에 민감한 편이긴 합니다. 이들은 최신 유행하는 디자인의 옷이나 밝고 선명한 컬러의 화려한 옷을 입기도 합니다. 창조가 유형의 여성들은 직장에서는 몸에 맞지 않는 늘어뜨린 스커트에, 편안하고 무난한 블라우스를 즐겨 입습니다. 또한 이들은 진하고 독특한 인위적인 향의 향수를 선호합니다.

이들이 착용하는 액세서리와 가방은 화려하며 독특한 디자인의 제품을 선호합니다. 간혹 이들은 자신의 몸에 '피어싱'을 하거나 머리카락을 진하게 '염색'해서 자신의 독특한 개성을 드러내기도 하는데, 대부분 액세서리나 가방 등에 비해 헤어 스타일은 크게 신경 쓰지 않는 경우가 많습

여성 창조가 유형의 스타일

출처 (좌)염색, https://url.kr/wtiam7 (중)프라다 타이, https://url.kr/sn9mlw (우)구찌 벨트, https://url.kr/qz8dlu

니다.

편안하면서도 자유롭고 독특함을 선호하는 창조가 유형을 나타내는 핵심 키워드는 역시 '개성'입니다. 이들이 하는 모든 선택과 행동들은 '구속받지 않는 자유로움'을 향해 있다는 것을 이해하고 있다면, 이들이 어떤 패션 스타일을 추구하는지는 쉽게 떠올릴 수 있습니다.

한눈에 보는 창조가 유형의 패션 - 가수 현아와 던

출처 https://news.mt.co.kr/mtview.php?no=2018121010075573746

창조가의 프로파일링 추가 단서+

"내가 이렇게 재미있는 사람이다" 창조가의 비대면 랭귀지(이메일, 메신저, SNS)

창조가 유형 사람들의 '비대면非對面 랭귀지language'의 핵심은 '재미'입니다. 이들은 자신이 하고 싶은 말을 유머나 은유를 통해 표현합니다. 이러한 기질은 비대면 랭귀지에서도 아주 잘 드러나는데, 먼저 이들의 이메일부터 하나하나 살펴보도록 하겠습니다.

창조가 유형의 사람들은 사적인 메일은 물론, 심지어 업무적인 이메일에도 항상 유머를 곁들입니다. 이들에게 정형화된 딱딱한 문서는 딱 질색입니다. 이들의 머릿속은 늘 여러 가지 재미있는 생각들로 가득 차 있기 때문입니다. 창조가 유형의 사람들은 '이모티콘'을 즐겨 사용하지는 않지만, 그래도 자주 쓰는 이모티콘 몇 가지는 있습니다. 이들은 자신의 유쾌함을 표현하기 위해 '!!!, ^^, :) , ㅋㅋㅋ' 등을 주로 쓰는데, 마치 큰 소리로 외치듯 2~3번 연속으로 사용하는 경우가 많습니다. 또한 꼼꼼하지 못한

창조가 유형의 이메일 예시

REVOLUTIONER E-mail

커밍쑨 야유회

보낸사람	임혁신 팀장
받는사람	김대리,박철수,김형구ㄱ대리,이효민,막내,허질주,정…

일반 첨부파일 첨부파일없음

여러분 야유회를 빙자한 외근이 다음주에 있어요^^...
하지만 절대 외근으로 끝나지 않게...
나의 집요한 요청으로 아주 재미난 게임들이 있을 예정!
(참고로 게임준비 내가함. 기대해도 좋음 ^^)
그리고 여러분이 예측할 수 없는 선물들도 기다리고 있음!!!!!!!!
그러니 기대해도 좋을 겁니다?!?!
세부 야유회 일정은 첨부파일 확인~

그럼 이만 :)

기질 탓에 사람들의 이름을 잘못 저장하거나 오타가 난 채 저장하는 경우도 많습니다. 창조가 유형의 사람들에게 형식은 그렇게 중요한 부분이 아닙니다. 그렇기에 이들은 필요할 때마다 그때그때 생각나는 대로 다른 사람들의 이름을 저장합니다. 그룹 같은 것도 딱히 나누어놓지 않는 편입니다. 창조가 유형이 전달하고자 하는 내용의 초점은 '재미'와 '미래'에 가 있습니다. 그래서 이들의 이메일은 늘 유머와 함께 비전, 장기적인 관점에서의 업무 설명, 기대 효과what if에 초점이 맞춰져 있습니다.

다음으로 창조가 유형의 메신저에 대해서 자세히 알아보겠습니다. 우선 이들은 연락이 잘 되지 않습니다. '자유로운 영혼'의 삶을 살아가는 이들에게 메신저는 그 자유를 침범하는 큰 방해물입니다. 이들은 '연락'이라는 것 자체를 일종의 구속으로 느낍니다. 따라서 마치 밀린 방학숙제 하

창조가 유형의 메시지 예시

듯이 한 번에 메시지를 확인하고, 그에 대한 답을 합니다. 만약 창조가 유형의 사람들에게 메시지를 보냈는데 한 시간 이내에 연락이 온다면 이것은 그들이 보내온 가장 빠른 답장일 것입니다. 또한 이들은 여러분이 보낸 질문이나 요청에 동문서답을 하거나, 엉뚱하고 장난끼 가득한 대답을 보내옵니다. 아니면 재미있고 웃긴 이모티콘만을 사용해 그 대답을 대신하기도 합니다.

메신저에서 창조가 유형임을 확인할 수 있는 마지막 단서는 '이름 저장'에 있습니다. 이들은 메신저 꾸미기에는 큰 관심이 없지만, 친구나 가족 등의 사적인 관계에 있는 사람들의 이름을 저장하는 데에는 관심이 많습니다. 이들은 보통 자신과 친밀한 사람들은 꼭 자신만의 애칭으로 저장을 해둡니다. 그 애칭이나 별명 역시 재미있게 짓습니다. 만약 친한 지인 중에 창조가 유형이 있다면 꼭 한 번 여러분의 이름이 어떻게 저장되어 있는지 확인해보기를 바랍니다. 아마 여러분이 상상하는 그 이상일 것이라는 점만은 확실합니다.

SNS 1 _ 창조가 유형의 SNS 세부 포스팅 예시

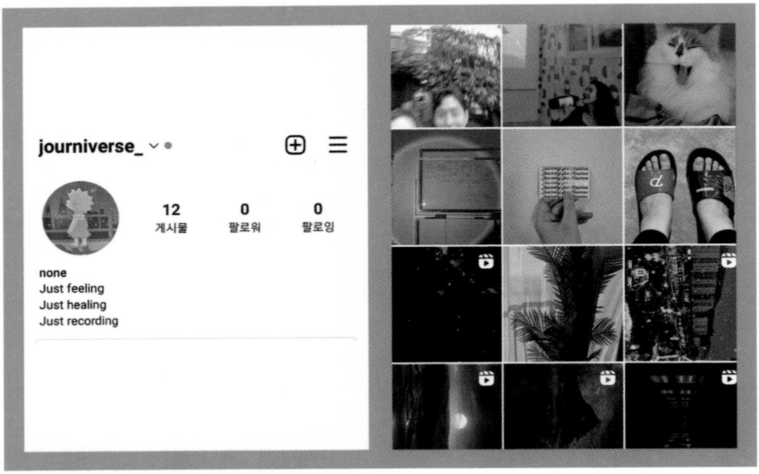

출처 인스타그램 @journiverse

창조가 유형임을 확인할 수 있는 마지막 추가 단서는 SNS입니다. 이들은 SNS를 통해 자신만의 특유한 '4차원 감성'을 보여줍니다. 창조가 유형의 사람들은 자신의 프로필에 독특한 가명이나 소개 글을 적어놓습니다. 그래서 프로필만 봐서는 도대체 이 사람이 '어떤 일'을 하는 사람인지 종잡기가 어렵습니다. 이들은 단순히 하루하루를 놀고먹는 한량처럼 보이기 십상입니다. 사실 알고 보면 특정 분야의 능력 있는 전문가인데도 말입니다.

이들은 SNS를 통해서도 자신이 느끼는 '즐거움'을 다른 사람들과 공유하고 싶어 합니다. 따라서 자신의 개인적인 소식이나 능력 또는 성과 등을 포스팅하는 데에는 크게 관심이 없습니다. 만약 창조가 유형의 사람들이 일하는 사진이나 특정한 업무에 몰두하고 있는 사진을 올렸다면 이것은 이들이 기존에 하던 일이 아닌 새로운 일을 시작했음을 알리는 신호일 수 있습니다. 그것도 아주 신나고 재미있는 일을 말입니다.

창조가 유형 사람들의 포스팅을 좀 더 세부적으로 살펴보도록 하겠습니다. 이들은 메신저와 마찬가지로 SNS에도 크게 열을 올리지는 않습니다. 이들의 SNS 활동은 불규칙적입니다. 이들은 주기적으로 포스팅을 하지 않다가 갑자기 한꺼번에 여러 개의 포스팅을 올리기도 합니다. 창조가 유형의 사람들은 자신이 SNS를 하고 싶을 때에만 '피드'를 올립니다. 창조가 유형의 사람들이 포스팅을 한다면 특이한 포즈를 취하고 있는 사진, 남들이 이해하기 어려운 난해한 철학이나 신념이 담긴 내용 또는 최근에 일어난 재미있는 사건들에 대해서일 것입니다. 결과적으로 창조가 유형의 사람들이 이러한 SNS를 통해 남들에게 보이고 싶어 하는 모습은 다음과 같이 간단합니다.

"난 남들과 달라. 난 개성 있고 재미있고 독특한 사람이니까!"

SNS 2 _ 창조가 유형의 SNS 세부 포스팅 예시

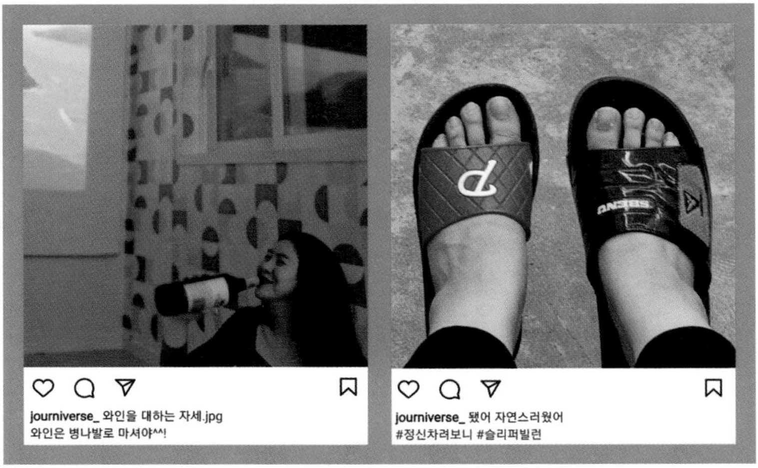

출처 인스타그램 @journiverse

I CAN READ YOU

CHAPTER 7

소통의, 소통에 의한, 소통을 위한: 상담가의 '반응하는 몸짓'

상담가의 프로파일링 단서

소통의, 소통에 의한, 소통을 위한 반응하는 몸짓

이들의 프로파일링 단서는 바로 '반응적 몸짓responsive gesture'입니다. 반응적 몸짓이란 주로 상대방의 말을 잘 듣기 위해 쓰이는 작고 부드러운 보디랭귀지를 말합니다. 쉽게 말하면 '리액션reaction'에 관련된 행동들입니다. 대표적인 행동으로는 '부드러운 미소', '몸 기울이기', '고개 위아래로 끄덕이기' 그리고 '손바닥 펼쳐 보이기'가 있습니다. 이러한 반응적 행동들에는 공통적인 의미가 담겨 있는데 그것은 다음과 같습니다.

'우리 함께 해봐요.'
'당신의 이야기가 듣고 싶어요.'
'당신과 함께해서 기뻐요.'

상담가 유형의 사람들은 대화를 할 때 반응하는 몸짓과 함께 감정을 표현하는 단어를 주로 사용합니다. 또한 이야기 위주로 대화를 이어가는 특징을 가지고 있습니다. 상담가 기질의 사람들은 다른 사람들과 정서적으로 교감하는 것을 자신들의 삶에서 가장 중요하게 생각하기 때문입니다. 그래서 이들은 반응하는 몸짓과 감성 위주의 대화법을 통해 상대방과 편안하게 대화할 수 있는 분위기를 만들어갑니다. 이로 인해 상담가 유형의 사람들은 다른 사람들에게 부드러운 인상을 주고, 편안한 기분을 느끼게 합니다. 마치 부드러움의 대명사인 '라텍스'처럼 말입니다. 지금부터는 상담가 유형의 대표적인 프로파일링 단서들을 자세히 살펴보겠습니다.

상담가의 프로파일링 단서 1: 표정

'분명 처음 봤는데 어디서 본 것 같지?' 낯선 친숙함을 부르는 상담가의 부드러운 미소

상담가 유형 사람들의 표정은 편안하고 부드럽습니다. 대표적으로 '온화한 미소'가 있습니다.

인간의 표정을 연구해온 폴 에크만 교수는 인간의 얼굴 근육 움직임에 따라 우리가 표현하는 미소는 수십 가지가 있으며, 각각의 미소가 가지는 메시지도 다 다르다고 주장하였습니다. 즉, 미소는 우리가 생각하는 것보다 훨씬 더 복잡한 의미를 가지고 있다는 것입니다. 이 수많은 미소들 중에서 '온화한 미소'는 어떤 미소를 말하는 것일까요? 이 미소는 '짓는다'보다 '머금다'라는 모습에 더 가깝습니다. 마치 아이를 바라보는 엄마의 미소 같은 것입니다. 이러한 온화한 미소는 눈가의 움직임과 부드러운 눈맞춤으로 만들어집니다.

우선 눈가의 움직임부터 살펴보겠습니다.

온화한 미소: 배우 이영애와 안성기

출처 (좌)http://m.segye.com/view/20191104505624 (우)https://www.news1.kr/articles/?3661861

두 사진 중 진짜로 미소 짓고 있는 사람은 누구일까요?

출처 언플래쉬

앞 페이지의 사진을 언뜻 보면 두 사람 모두 진짜로 웃는 것같이 보입니다. 하지만 자세히 보면 오른쪽 여성은 왼쪽 여성과 달리 입만 웃고 있는 '가짜 미소'를 짓고 있습니다. 우리가 소위 '진짜 미소'를 지을 때에는 '눈둘레근'이라고 하는 눈가의 근육이 함께 움직입니다. 반대로 억지로 짓는 '가짜 미소'일 경우 눈가에는 변화가 없고 입꼬리만 올라가게 됩니다. 사진 속 두 여성의 입을 가려보면 그 차이를 쉽게 구분할 수 있습니다.

눈둘레근까지 함께 웃는 진짜 미소를 '뒤센 미소Duchenne smile'이라고 합니다. 이는 광대뼈 위의 근육 움직임에 따라 진짜 미소와 가식적인 미소를 구분했던 심리학자 기욤 뒤센G. Duchene의 이름을 따서 만든 용어입니다. 상담가 유형은 4가지 유형 중에서 이러한 뒤센 미소를 가장 잘 짓습니다.

실제로 버클리U.C Berkly 대학의 대처 캘트너Dacher Keltner와 리앤 하커LeeAnne Harker 교수는 뒤센 미소와 가짜 미소의 차이를 연구했습니다. 캘리포니아 소재 한 대학의 졸업생 141명을 두 집단으로 분류 후 한 집단은 뒤센 미소로 인터뷰를 하게 하고, 나머지 집단은 가식적인 미소로 인터뷰를 하게 했습니다. 이렇게 30년 동안 주기적으로 만나 졸업생들을 인터뷰한 결과 뒤센 미소로 인터뷰를 했던 집단과의 친밀도가 가식적인 미소로 인터뷰를 진행했던 집단보다 2배나 더 높은 것으로 밝혀졌습니다.

상담가 유형의 사람들이 보이는 편안한 인상은 이러한 뒤센 미소에 부드러운 눈맞춤이 더해져서 나옵니다. 이들은 다른 유형보다 상대방과 눈맞춤을 많이 하면서도 상대방을 편안하게 만드는 재주가 있습니다. 상대방과 눈을 맞추며 대화를 하는데도 어떻게 상대방이 부담을 느끼지 않는

간접적 응시 방법

출처 언플래쉬

걸까요? 그 비밀은 바로 '간접적인 눈맞춤'에 있습니다. 더 정확히 말하면 단지 '눈'만을 보지 않는 것입니다.

보통 '눈맞춤'이라고 하면 직접적으로 상대방의 눈을 쳐다보거나, 혹은 입술 위의 인중에 초점을 맞춰 보는 것이라고 알려져 있습니다. 하지만 이는 '아이 컨텍eye contact'의 잘못된 방법입니다. 상대방의 눈을 똑바로 쳐다보게 되면 공격적인 인상을 줄 수 있고, 인중만을 쳐다보고 있으면 눈동자가 한곳으로 몰려 이상한 눈 모양을 지을 수가 있습니다. 제대로 된 간접적 눈맞춤이란 위의 사진처럼 두 눈과 입을 연결한 뒤집힌 삼각형 '전체'를 바라보는 것입니다. 이러한 눈맞춤은 '비위협적인 응시 방법'으로 상대방으로 하여금 편안한 기분을 느끼게 합니다. 이들은 본능적으로, 그리고 자연스럽게 이러한 비위협적인 눈맞춤을 합니다.

상담가 유형 사람들의 온화한 미소는 '입이 아닌 눈으로 웃는 표정'과 '비위협적인 눈맞춤'을 통해 완성됩니다. 이러한 온화한 미소는 상대방의 마음을 편안하게 만들고 친근함을 느끼게 만들어줍니다. 오늘 처음 보는 사람임에도 불구하고 그 또는 그녀의 미소에서 오래된 친구 같은 '낯선 친숙함'을 느낀다면 이들은 십중팔구 상담가 유형일 것입니다.

상담가의 프로파일링 단서 2: 자세

나도 모르게 내 속마음을 이야기하게 되는 '관심'과 '동의'의 몸짓

상담가 유형의 사람들은 대화할 때 상대방에게 몸을 기울인 채 이야기를 듣습니다. 이는 상대방에게 좀 더 가까워지고 싶어 하는 이들의 마음이 몸으로 표현된 것입니다. 실제로 서로 간의 물리적 거리가 가까워질수록 심리적 거리도 가까워지게 마련입니다.

사람들에게는 저마다 심리적인 '사적인 공간'이 있습니다. 누군가 여러분에게 다가오는데 어느 거리에 이르는 순간 뭔지 모를 불편함을 느낀다면 그것은 상대방이 여러분의 사적인 공간으로 들어왔다는 신호입니다. 이 거리는 관계의 깊이에 '반비례'합니다. 즉, 가족이나 연인 등 관계의 깊이가 깊은 친밀한 사이라면 두 사람 사이의 거리는 아주 가까울 것입니다. 하지만 관계의 깊이가 깊지 않은, 오늘 처음 만난 사람이라면 둘 사이의 거리가 어느 정도 떨어져 있어야 편안함을 느낄 수 있을 것입니다.

실제로 UCLA 대학의 메라비언Albert Mehrabian 교수는 오랜 연구를 통해 서로 좋아하는 사람은 대화 도중 상대방을 향해 몸을 기울이는 경향이 있다는 것을 밝혀냈습니다. 이러한 몸을 기울이는 행동에는 다음과 같은 의미가 담겨 있습니다.

> '나는 당신에게 관심이 있어요.'
> '나는 당신의 이야기를 더 듣고 싶어요.'
> '당신과 더 친해지고 싶어요.'

처음 본 사람에게 몸을 기울이는 것은 상대방의 공간을 침범하는 행동입니다. 동시에 자신의 공간을 상대방에게 내어주고, 서로의 공간을 공유한다는 의미이기도 합니다.

상담가 유형 사람들의 대표적인 행동인 '온화한 미소'와 특유의 친화력이 어우러진 '몸 기울이기'는 처음 본 상대방을 무장해제 시킵니다. 더 나아가 상대방이 자신에게 관심을 보이고 있고, 자신의 말을 잘 들어주고 있다고 느끼게 만듭니다. 이러한 행동들을 통해 상담가 유형의 사람들은 조금씩 상대방의 공간에 스며들며 친밀감을 형성합니다.

이들은 몸만 기울이는 것이 아닙니다. 머리도 한쪽으로 기울이면서 상대방의 이야기를 경청하고 있다는 것을 적극적으로 표현합니다. 머리를 한쪽으로 기울이면 목과 귀도 자연스럽게 드러나게 됩니다. 이러한 행동은 상대방에게 친절함과 신뢰감을 줍니다. 그 이유는 무엇일까요? 바로

몸 기울이기

출처 오프라 윈프리(Oprah Gaile Winfrey), 미국 방송인
매거진 PEOPLE 2022 The Beautiful Issue 중

출처 언플래쉬

목 기울이기

출처 YTN 〈Y터뷰〉, 이금희 아나운서

출처 언플래쉬

목이 주는 상징적 의미 때문입니다. 목은 인간의 생명과 직결되는 중요한 신체 부위입니다. 이러한 목을 상대방에게 보여준다는 것은 그만큼 상대방을 '신뢰'하고 있거나, 더 나아가 '순종'을 표현하는 것이기도 합니다. 이러한 목 기울이기가 의미하고 있는 것은 다음과 같습니다.

'당신이 나를 공격하지 않을 것이라고 믿어요.'
'내 목숨은 당신에게 달려 있어요.'
'당신에게 순종적인 마음을 가지고 있어요.'

이와 반대로 스트레스를 받을 때나 자신의 말에 확신이 없거나, 또는 위협을 느끼게 되면 우리는 무의식적으로 목을 숨기는 듯한 행동을 하게 됩니다. 상대방이 내가 잘 알지 못하는 질문을 했거나, 무엇인가 다른 사람들에게 숨기고 싶은 것이 있을 경우 사람들은 보통 "잘 모르겠어요."라고 대답하면서 자신의 어깨를 으쓱 올리는 행동을 합니다. 이는 어깨를 올림으로써 자신의 목을 보호하려는 본능에서 나온 것입니다.

목 기울이기를 커뮤니케이션 관점에서 해석해보면 다음과 같습니다.

'당신의 제안을 받아들일 준비가 되어 있어요.'
'당신의 이야기에 푹 빠져 있어요.'
'당신을 믿어요.'

실제로 8도 정도의 각도로 오른쪽으로 머리를 살짝 기울인 사람에게 상대방은 훨씬 더 큰 신뢰감을 느낀다는 연구 결과도 있습니다. 상담가 유형은 이러한 목 기울이기를 통해서 상대방에 대한 믿음과 신뢰를 표현하며, 자신의 진실된 마음을 전달하고자 합니다.

상담가 유형의 사람들은 상대방에게 자신의 마음이 기울고 있다는 것을, 자신들의 몸과 목을 기울임을 통해 보여줍니다. 이와 함께 하나의 행동을 더 하는데 그것은 바로 '고개 끄덕이기'입니다. 상대방이 말하는 중간 중간에 이들은 자신의 고개를 위아래로 끄덕이면서 상대방의 마음을 사로잡습니다.

세계 거의 모든 나라와 문화권에서 '고개를 위아래로 끄덕이는 것'은 단 하나의 공통된 의미를 가지고 있습니다. 그것은 바로 'Yes', 즉 '동의'입니다(물론 예외 없는 법칙이 없듯이 불가리아만 유일하게 그 반대, 즉 'No'의 의미를 가지고 있습니다). 따라서 상대방의 이야기를 들으며 고개를 위아래로 끄덕이는 것은 다음과 같은 속마음을 나타내는 것입니다.

'당신의 이야기를 잘 듣고 있어요.'
'당신의 생각에 동의합니다."
'당신의 의견을 지지합니다.'

상담가 유형의 사람들은 상대방이 이야기를 할 때뿐만 아니라 자신이 말할 때에도 고개를 위아래로 끄덕입니다. 이는 자신이 전달하려는 메시지를 강조하고, 상대방에게 동의를 구하면서 동시에 자신이 긍정적인 사람이라는 이미지를 주고자 함입니다. 이러한 고개 끄덕이기는 웃음과 마찬가지로 전염성이 매우 큽니다. 상담가 유형의 사람이 고개를 끄덕이면 이에 맞추어 상대방도 고개를 끄덕입니다. 결국 상대방은 자신이 마주하고 있는 상담가 유형의 사람들에게 좋은 인상을 받게 되고, 이들의 말이나 행동을 긍정적으로 받아들이게 됩니다.

상담가 유형 사람들의 관심과 동의를 나타내는 몸짓은 상대방의 신뢰를 얻고, 또한 지지와 응원을 받는 기분을 느끼게 만들어줍니다. 결국 상대방은 이들과 더 깊은 대화를 나누고 싶은 마음이 들기 마련입니다. 만약 여러분이 자신도 모르게 속마음을 자꾸 이야기하게 되는 사람을 만났다면 그 사람은 분명 상담가 기질을 가진 사람일 것입니다.

상담가의 프로파일링 단서 3: 손짓

어느새 친구가 되었다? 친화력의 화룡점정 '손바닥 펼쳐 보이기'

손을 사용하는 동작은 크게 2가지로 구분할 수 있습니다. 바로 '손바닥을 위로 향하며 펼쳐 보이는 것'과 '아래로 향하게 하여 숨기는 것'입니다. 이 중에서 '손바닥을 위로 향하며 펼쳐 보이는 제스처'는 '나는 당신에게 숨기는 것이 없어요.'라는 의미를 가지고 있습니다.

과거 선조들은 직립보행을 하게 되면서 손으로 무기를 휘두르거나 손안에 그것을 숨겼습니다. 동물들의 앞발과 같은 역할을 하던 손에 새로운 역할이 생기게 된 것입니다. 그 뒤로 선조들은 손을 펼쳐 보이는 동작을 통해 '나는 무기가 없습니다.' 또는 '나는 당신을 공격할 생각이 없습니다.'라는 신호를 상대방에게 전달하였습니다. 이를 현대적 커뮤니케이션 관점에서 해석해보면 다음과 같은 의미를 지닙니다.

'당신에게 숨기는 것이 없습니다.'
'나는 당신의 편입니다.'
'진심입니다.'
'제 이야기에 귀 기울여주세요.'

이러한 손짓은 애원과 개방을 나타내는 가장 보편적인 신호이면서, 동시에 자신의 '진실된 마음'을 강조하는 표현이기도 합니다. 상담가 유형의 사람들은 이러한 손바닥 펼쳐 보이기를 통해 상대방과 소통을 할 준비가 되어 있다는 것을 보여줍니다. 또한 이 손짓과 함께 '기울이는 몸짓'을 사용하여 자신이 상대방에 대해 큰 관심을 가지고 있다는 것을 보여줍니다. 그리고 고개를 위아래로 끄덕이는 '동의'의 고갯짓과 적절히 번갈아 사용하며 '당신을 존중하고 지지합니다.'라는 마음을 표현합니다. 이는 상대방으로 하여금 자신이 상담가 유형에게 '중요한 사람'이라고 느끼게 만들어 줍니다. 결국 이들과 함께하는 시간이 지날수록 어느새 상담가 유형과 친한 친구가 되어 있는 자신의 모습을 발견하게 됩니다.

물론 능숙한 거짓말쟁이나 베테랑 영업사원들은 자신이 정직하고 믿을 만한 사람이라는 인상을 주기 위해 이런 동작을 의도적으로 취하기도 합니다. 이때 상대방이 진실한 사람이라는 것을 어떻게 알 수 있을까요? 바로 손바닥과 함께 다른 보디랭귀지를 유심히 관찰해보면 됩니다. 예를 들어 어떤 사람이 자신의 손바닥을 위로 향한 채 어깨를 으쓱거리거나, 호흡이 조금씩 빨라지고 볼이 빨갛게 변하고 음흉한 표정이 잠깐 지나가

미소 지으며 손바닥 펼쳐 보이기

출처 (위)E!NEWS, 오프라윈프리 (아래) https://url.kr/e16oz8

한눈에 보는 상담가의 프로파일링 단서

온화한 미소
몸 앞으로 기울이기
목 기울이기

는 등의 행동을 한다고 생각해봅시다. 이것은 그 사람이 자신이 하는 말과는 또 다른 속마음을 가지고 있다는 것을 의미합니다. 하지만 아주 편안한 상태에서 손바닥을 자연스럽게 펼쳐 보인다면 이는 상담가들의 '친화력'을 보여주는 중요한 프로파일링 단서가 될 것입니다.

상담가의 프로파일링 추가 단서+

"내가 이렇게 편안한 사람이다" 우리 집 같은 사무실

상담가 유형 사람들의 사무실은 이들의 기질처럼 편안하고 아늑한 분위기를 풍깁니다. 그래서 이들의 사무실을 방문하게 되면 마치 누군가의 집에 방문한 듯한 느낌이 들곤 합니다.

우선 이들의 책상에서 가장 먼저 눈에 띄는 것은 사진일 것입니다. 상담가 유형은 가족, 연인, 친구들과 함께 찍은 사진이나 함께 갔던 여행지의 풍경 사진 등을 책상에 붙여두거나 액자에 넣어둡니다. 가끔은 컴퓨터 배경화면이 액자를 대신할 수도 있습니다. 상담가 기질의 사람들은 사람들을 통해 활력을 얻는 유형인 만큼 '소중한 사람들과 추억을 회상'할 수 있는 소품으로 사진만큼 좋은 것이 없습니다. 그 외에도 이들은 여행을 갔다 사온 기념품을 진열해두기도 하는데, 이는 분명 자기 삶 속의 가장 소중한 추억이 그 기념품 안에 담겨 있다는 것을 의미합니다.

상담가 유형의 책상

출처 https://gridfiti.com/aesthetic-desk-ideas/

다음으로 이들의 기질을 잘 나타내는 사무실 특징이라면 '아기자기한 소품'을 꼽을 수 있습니다. 상담가 유형의 사람들은 소품들을 통해서도 자신의 감정과 정서를 표현하고 소통하고자 합니다. 이들이 사용하는 대표적인 소품으로는 자신이 좋아하는 캐릭터가 그려진 '필기구'나 오랜 세월의 흔적이 묻어나는 '가죽 다이어리' 등이 있습니다. 특히 캐릭터는 사람을 의인화한 것이기 때문에 상담가 유형의 사람들은 캐릭터 소품을 활용하여 자신의 감정이나 가치관 등을 잘 표현합니다. 그래서 이들은 캐릭터 피규어나 인형 등을 책상이나 컴퓨터 모니터 아래 진열해두기도 합니다. 또한 이들은 누군가에게 선물 받은 화분이나 꽃다발을 놓아두기도 하는데 이것들 역시 선물을 준 사람들과의 관계를 증명하는 상징이기 때문입니다. 이러한 상담가 유형만의 아기자기한 소품들은 사무실임에도 불구하고 누군가의 집에 온 것처럼 편안하고 아늑한 기분을 느끼게 만듭니다.

그 밖에 상담가 유형에 대한 프로파일링 단서들이 있다면 아마도 업무 서류들과 함께 꽂혀 있는 심리학, 인문학 서적들일 것입니다. 이들은 항상 사람에 대해 깊이 알고 싶어 하기 때문에 이러한 서적들을 쉽게 발견할 수 있을 것입니다. 더불어 함께 나눠 먹을 수 있는 간식이 있는지도 찾아보길 바랍니다. 상담가 유형의 사람들에게 간식이란 동료들과의 소통을 위한 훌륭한 매개체 역할을 합니다. '식구食口'란 같은 음식을 나눠 먹는 사람들을 말합니다. 결국 이들에게 자신의 동료들은 또 하나의 식구인 셈입니다.

상담가의 프로파일링 추가 단서+

"내가 이렇게 정감 가는 인상이다" 무난하고 대중적인 패션 스타일

사람들에게 편안함을 주고 싶어 하는 상담가 유형은 패션 역시 편안한 느낌의 옷들을 선호합니다. 그래서 과한 패션에는 부담감을 느끼며, 대중적이고 무난한 캐주얼 스타일을 추구합니다. 예를 들면 부드러운 소재의 면재킷, 맨투맨, 후드티 등이 있습니다.

면자켓 - 배우 류준열과 정은채

출처 (좌)https://url.kr/ekmx1c (우)https://url.kr/lnfv3q

후드티 - 배우 연우진과 김세정

출처 (좌)https://url.kr/knl862 (우)https://url.kr/rm4j1x

하의는 편안한 면바지나 청바지를 좋아하는데, 타이트한 것보다는 어느 정도 여유가 있는 것을 선호합니다. 신발도 구두보다는 운동화를 즐겨 신는 편입니다.

편안한 면바지나 청바지 - 배우 최우식과 김고은

출처 (좌)https://www.fashionn.com/board/read_new.php?table=1006&number=35597
(우)http://mbnmoney.mbn.co.kr/news/view?news_no=MM1003189078

남성 상담가 유형은 유행을 따라가기보다는 오래전부터 입어왔던 옷을 좋아합니다. 이들은 익숙함과 포근함을 좋아하기 때문입니다. 가방도 가죽보다는 면으로 된 가방을 선호합니다. 만약 가방 안에 손수건이 있다면 혹시나 누군가 손수건이 필요할 때 건네주기 위해 준비해둔 것일 겁니다.

남성 상담가 유형의 가방 스타일

출처 (좌)와릿이즌 에코백, https://url.kr/pwk8ys (우)잔스포츠 백팩, https://url.kr/pbqh9a

남성 상담가 유형의 액세서리 스타일

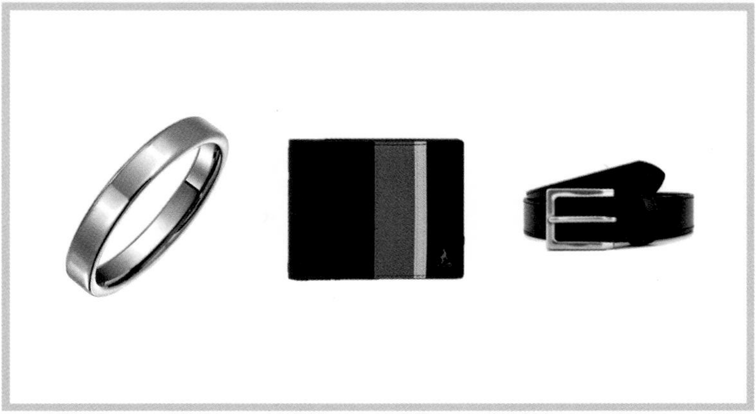

출처 (좌)마크-4 반지, https://url.kr/ades82 (중)빈폴 지갑, https://url.kr/n5db8m
(우)이머전시 벨트, https://url.kr/xpinro

남성 상담가 유형의 대표적인 액세서리는 반지입니다. 만약 이들이 결혼을 했다면 반드시 결혼반지를 끼고 있을 것입니다. 이들에게 결혼반지는 자신이 사랑하는 사람이 있다는 것을 표현하는 도구이자, 사랑하는 사람과 언제나 함께하고 싶은 마음을 담은 상징물이기 때문입니다. 그 외 허리띠나 지갑 등 패션 소품들은 옷처럼 무난하고 심플한 것들을 선호하는 편인데, 가끔 자신이 좋아하는 캐릭터가 그려진 소품들을 가지고 다니기도 합니다.

여성 상담가 유형은 남성 상담가 유형과 마찬가지로 편안함을 추구하지만, 재질에 더 신경을 많이 씁니다. 여성 상담가에게 패션에서 가장 중요한 것은 '편안한 촉감'이기 때문입니다. 그래서 디자인보다는 재질이 좋은 브랜드를 선호합니다. 그리고 한 번에 옷을 여러 벌 구매하기보다는

여성 상담가 유형의 액세서리 스타일

출처 (좌)로이드 반지, https://url.kr/lz5gn3 (중)오에스티 목걸이, https://url.kr/3rio7z
(우)펜디 체인 장지갑, https://url.kr/kwogxf

제대로 된 한 벌을 구매해서 오랫동안 입는 편입니다.

액세서리와 가방은 로고의 크기가 너무 크거나 너무 화려한 것보다는 작고 심플하거나 나비, 하트 등 감성적인 펜던트가 있는 액세서리를 선호합니다. 그 이유는 '감성'이 녹아든 액세서리로 자신의 부드러운 모습을 보여주고 싶어 하기 때문입니다.

마지막으로 여성 상담가 유형의 패션에는 한 가지 중요한 단서가 있는데, 바로 '급작스러운 패션 변화'입니다. 이는 이들이 감정의 급격한 변화를 겪고 있거나, 스트레스를 받아 마음이 심란한 상황이라는 것을 의미합니다. 만약 주변의 여성 상담가가 갑자기 패션에 변화를 준다면 주의 깊게 그녀의 기분을 살펴보시기 바랍니다. 물론 부정적인 상황이 아닌 경우도 있는데, 바로 중요한 모임이나 파티 등에 참석하는 경우가 그것입니다. 이때 여성 상담가 유형은 자신이 참석하는 모임과 그곳에 있는 사람들에게 자신의 매력적인 모습을 보여주고 싶어 하기 때문에 자신들의 패션에 변화를 주는 것입니다.

편안함과 대중적인 패션을 선호하는 상담가 유형의 핵심 키워드는 역시 '소통'입니다. 이들의 모든 행동들은 '사람들과 정서적 교감'을 위한 것이라는 점을 염두에 둔다면 이 유형 사람들의 패션이 어떠할지는 쉽게 떠올려볼 수 있을 것입니다.

한눈에 보는 상담가 유형의 패션 - 배우 윤승아와 김무열

출처 https://url.kr/57kjw6

상담가의 프로파일링 추가 단서+

"내가 이렇게 인간적인 사람이다" 상담가의 비대면 랭귀지(이메일, 메신저, SNS)

온라인이나 SNS에서도 상담가 유형은 쉽게 구별됩니다. '프로커뮤니케이셔너'인 만큼 이들은 '비대면 랭귀지'를 통해 사람들에게 활력을 주고 또 그들에게서 활력을 얻기도 합니다. 이들의 이러한 특성을 이메일 사례를 통해 확인해보겠습니다.

이들이 보내온 '이메일'을 읽고 있으면 마치 이들의 부드럽고 친절한 목소리가 직접 들리는 것 같습니다. 왜냐하면 이들 특유의 대화 패턴인 '감정 표현' 중심의 스토리텔링이 이메일 안에도 고스란히 녹아 있기 때문입니다. 여기에 다양한 '이모티콘'을 통해 자신의 실제 표정을 담아 보냅니다. 특히 상담가 유형의 사람들은 다른 유형보다 감정을 표현하는 이모티콘을 많이 사용하는 편입니다. 또한 '그룹'이나 상대방의 '이름'을 자신만의 별칭이나 애칭으로 지정해두면서 그 이름 앞에 '우리'라는 표현을 즐겨 붙이기도 합니다. 여성인 경우에는 '♥'도 사용합니다. 이러한 표현은 다른 유형에게는 보기가 어려운 상담가 유형 사람들의 전매특허입니다. 특히 행동가나 분석가 유형의 사람들에게 이것은 상상할 수도 없는 표현 방식일 것입니다.

이메일보다 좀 더 자유롭게 표현이 가능한 '메신저'에서는 이들 특유의 대화 패턴이 더욱 강하게 드러납니다. 상담가 유형의 사람들은 짧은 메시지에도 장문의 답글을 보내옵니다. 특히 비즈니스 관계가 아닌 사적인 관계에서는 '안부 연락'을 하는 것을 매우 중요하게 생각합니다. 그래서 이들은 특별한 일이 없어도 근황이나 안부를 물어오며 장문의 메시지를 보내옵니다. 그 메시지 내용은 서로의 일상과 감정을 공유할 수 있는 이야

상담가 유형의 메신저 예시

EMOTIONER E-mail

드디어 사내 야유회 일정이 나왔습니다!

보낸사람	김상담 팀장
받는사람	우리팀♥

작년에 이어 올해 가을도 어김없이 사내 야유회가 돌아왔습니다. ^^
선선한 가을 냄새를 만끽하실 수 있는 기회이지만,
종일 야외에서 진행되니 자외선 차단체를 꼭 바르고 오시길 바랍니다!
은근히 여름보다 가을 자외선이 더 잘 타더라구요. ㅎㅎ
저번에 회사 앞에 새로 생긴 소갈비살 회식을 못해서 아쉬움이 많으셨죠?
그래서 이번 야유회에는 소갈비살 바비큐로 준비했습니다.
이 외에도 함께 즐길 수 있는 맛있는 간식도 준비해 두었습니다.
아! 그리고 이번 야유회 게임 상품은 팀 해외여행권이라는 소문이 돌고 있습니다!!
팀 해외여행권을 위해 더 끈끈한 분위기 속에서 호흡을 맞추며 가까워질 준비하셔야 합니다 ~ ^^

6월 14일이니 날짜 반드시 비워 두시구요~
자세한 내용은 오늘 오후에 다시 보내드리겠습니다

-팀의 분위기메이커를 담당하고 있는 막내 김상담 올림

기들이 주를 이룹니다. 또한 '^^, ㅜㅜ, ㅎㅎ' 등의 '텍스트 이모티콘'뿐만 아니라 '메신저 앱'의 이모티콘까지 적극적으로 활용하여 자신의 감정을 표현합니다. 애칭 역시 다양한 이모티콘을 활용하여 상대방에게 느끼는 감정이나 애정을 풍부하게 표현합니다.

상담가 유형의 사람들에게 메신저는 이메일의 '확장 버전'이라고 생각하면 훨씬 쉽게 이해할 수 있을 것입니다(반대로 메신저의 '축소 버전'이 이메일이라고 생각해도 됩니다). 그런데 메신저에서는 이메일에서 볼 수 없는 추가 단서들이 있습니다. 바로 '메신저 꾸미기'입니다. 메신저에서는 '꾸미기 기능'을 통해 비언어적 표현들이 가능합니다. 자신의 사무실 책상 위 사

SNS 1 _ 상담가 유형의 SNS 세부 포스팅 예시

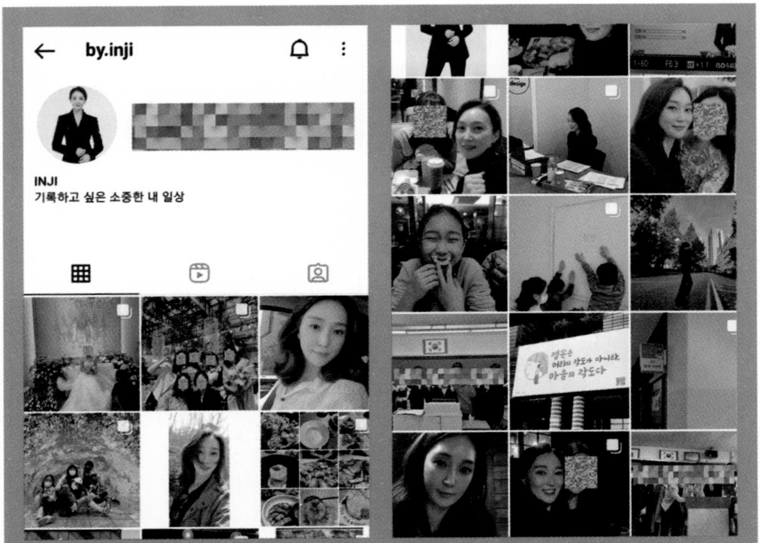

출처 인스타그램 @by.inji

진이나 캐릭터 피규어들은 '메신저 프로필'이나 '배경화면'으로, 이들의 부드러운 목소리는 '둥글고 아기자기한 폰트'로 표현하는 것이 가능합니다.

사람들과의 '소통의 장場'인 'SNS'는 상담가 유형에게 일종의 '분신' 같은 역할을 합니다. 그래서 이들은 다른 유형들보다 상대적으로 SNS 활동을 활발하게, 그리고 열심히 하는 편입니다. 메신저를 통해 상대방에게 '연락'하고 그들의 '안부'를 물었다면, SNS에서는 꾸준히 자신의 근황을 포스팅합니다. 자신의 소식을 '공유'하고 지인들이나 팔로워들의 포스팅에 '좋아요'와 '댓글'을 통해 안부를 대신합니다. 상담가 유형의 사람들이 포스팅하는 내용은 주로 사람들과 함께 찍은 사진, 가족이나 친구들과 함께 다녀온 여행지나 카페, 같이 먹은 음식 등의 사진들입니다. 그리고 누구

SNS 2 _ 상담가 유형의 SNS 세부 포스팅 예시

출처 인스타그램 @by.inji

와 어디서 무엇을 했는지, 함께해서 얼마나 행복했는지 등의 글도 구체적으로 적어놓습니다. 물론 함께한 친구들이 누구였는지 '태그' 하는 것도 잊지 않습니다.

이러한 상담가 유형의 사람들 중에 간혹 SNS에 자신을 직접적으로 드러내지 않는 경우도 있습니다. 대신 반려동물이나 자신이 먹은 음식, 자신이 좋아하는 스포츠팀이나 스타들의 사진들로 그것을 대체합니다. 그것은 이들이 SNS에서 다른 사람들에게 상처를 받은 경험 때문일 수 있고, 혹시 있을지 모를 타인의 비난에 마음의 상처를 받을까 두렵기 때문일 수도 있습니다. 그래서 이들은 간접적인 방식으로 자신의 존재나 근황을 다른 사람들과 공유하려고 하는 것입니다. 주변에 이런 분들이 있다면 여러분이 먼저 안부를 물어봐주세요! 아마도 상담가 유형은 여러분의 그러한 연락에 크게 감동할 것입니다. 상담가 유형이 온라인을 통해서 드러내고 싶은 것은 오프라인에서와 마찬가지로 일관되게 한 가지입니다.

"나는 정말로 친절하고 좋은 사람이야!"

I CAN READ YOU

CHAPTER 8

숨길 수 없는 포스, 강인함의 교과서: 행동가의 '지시하는 몸짓'

행동가의 프로파일링 단서

숨길 수 없는 포스! 강인함의 교과서, 주장하는 몸짓

행동가 유형의 사람들은 주로 '지시하는 몸짓directive gesture'을 사용합니다. 지시하는 몸짓이란 말 그대로 '자신의 생각이나 의견을 실행'시키기 위한 몸짓입니다. 때문에 주로 크고 강한 동작들이 주를 이룹니다. 따라서 이들의 몸짓이나 행동을 보면 사람들은 이들에게 아주 강한 카리스마를 느낍니다. 행동가 유형의 사람들은 4가지 유형 중 가장 쉽게 구분할 수 있는 유형입니다. 이들의 '강렬함'은 마치 '송곳' 같아서 언제나 그리고 어디서나 뚫고 나오기 때문입니다.

그렇다면 이러한 강렬함을 나타내는 동작들은 어떤 것들이 있을까요? 대표적으로는 '직접적인 눈맞춤', '몸 크게 하기', '영역 차지하기' 그리고 '손가락 포인팅' 등이 있습니다. 이러한 행동가의 행동들에는 공통적인 의미가 담겨 있는데 그것은 다음과 같습니다.

'나는 자신감이 있습니다.'
'저를 믿고 따라오세요.'
'반드시 해낼 것입니다.'

행동가 유형의 사람들은 대화를 할 때 사용하는 표현들 역시 매우 강합니다. 이들은 일상적인 대화에서조차도 주로 '목표'나 '성취'에 관련된 표현들을 사용합니다. '경쟁', '가치', '도전', '가능성', '결과' 등이 그 좋은 예입니다. 이들에게 세상은 '경쟁을 위한 공간'입니다. 이들은 이 아마존의 정글 같은 공간에서 반드시 '승리'하려고 합니다. 승리를 위해 이들은 자신의 모든 에너지와 자원을 집중합니다. 승리를 통한 성취감은 오직 승자들에게만 돌아가는 '전리품戰利品'이 됩니다.

행동가 유형의 사람들은 '정서적 교감'을 중요시하는 상담가 유형의 사람들과는 달리 '지적 교감'을 중요하게 생각합니다. 따라서 개인적인 '신변잡기身邊雜記'적인 대화보다는 서로의 지식을 공유하거나 비즈니스 또는 트렌드 등에 관련된 이야기들을 나누는 것을 좋아합니다. 그리고 이러한 대화의 중심에는 '한정된 시간 안에 얼마나 많은 성취를 할 수 있는가?', '지금 당장 할 수 있는 건 무엇인가?'가 있습니다. 그래서 상대와 주고받는 대화는 간단하고 빠르며, 최대한 자기 의견의 핵심을 요약해서 전달합니다.

행동가 유형의 사람들은 주로 먼저 말을 시작하고 대화를 주도해나갑니다. 상대방에게 질문을 하고 그에 대한 답을 듣습니다. 만약에 상대방이 명확하지 않고 장황하게 설명한다면 이들은 반드시 상대방에게 이렇게 되물을 것입니다. “그래서 하고 싶은 말이 무엇입니까?” 또는 이렇게 물을 수도 있습니다. “그래서 결론이 무엇입니까?”

여러분의 주변에 이 말을 입에 달고 사는 사람이 있다면 아마 그 사람은 틀림없이 행동가 유형의 사람일 것입니다. 이러한 대화의 방식 때문에 행동가 유형의 사람들은 마치 ‘탱크’나 ‘불도저’처럼 강인한 인상을 줍니다. 이러한 이들의 행동과 방식은 상대방에게 위압감을 주거나 부담감을 줍니다. 하지만 이들이 리더의 역할을 수행하고 있는 경우 이들을 따르는 사람들에게는 강한 ‘믿음’과 ‘신뢰’를 주기도 합니다. 더 나아가 ‘할 수 있다’는 용기와 자신감 등 ‘열정의 에너지’를 만들어주기도 합니다. 지금부터는 행동가 유형 사람들의 대표적인 프로파일링 단서들을 좀 더 자세히 살펴보겠습니다.

행동가의 프로파일링 단서 1: 표정

"저를 전적으로 믿으셔야 합니다" 왠지 따라야 할 것만 같은 강렬한 눈빛

사람들이 다른 사람과 대화를 하는 이유가 오직 단순한 정보 교환이나 상대방과 친밀감을 쌓기 위함만은 아닐 것입니다. 때로는 대화를 통해 상대방을 설득하고, 자신의 의견을 받아들이도록 만들기 위해서일 수도 있습니다. 행동가 유형 사람들의 대화 목적과 방향은 '무엇을'과 '어떻게'로 향하고 있습니다. 이들의 대화를 자세히 살펴보면 주로 자신의 의견을 '주장'하는 방식을 취합니다. 또한 이들은 자신의 의견이나 생각을 강조할 때 '눈맞춤'을 사용한다는 것도 알 수 있습니다. 이 행동가 유형 사람들의 눈맞춤은 상담가 유형의 눈맞춤과는 다릅니다. 상담가 유형에서 설명했던 것과는 반대로 삼각형을 위로 뒤집어 올린 방식으로 눈맞춤을 합니다. 이를 '직접적인 눈맞춤directive eye-contact'이라고 하는데, 다음 이미지를 보면 쉽게 이해할 수 있을 것입니다.

배우 김서형과 김윤석

출처 (위) https://www.hankyung.com/entertainment/article/201901293226H
(아래) http://m.cine21.com/news/view/?mag_id=50154

직접적인 눈맞춤이란 상대방의 눈과 눈 그리고 이마를 꼭짓점으로 하는 삼각형을 쳐다보는 것을 말합니다. 이러한 응시 방법은 상대방에게 자신의 권위를 인정받고 싶거나, 자신의 주장이나 의견을 관철시키고 싶을 때 사용됩니다. 더 나아가 다른 사람이 자신의 의견에 반박할 수 없게 만들어 결국 상대방이 자신의 의견을 따르게 만들고 싶을 때 사용하기도 합니다. 이때는 '미간眉間'의 주름이 살짝 드러나는 표정도 함께 나타납니다.

이러한 직접적인 눈맞춤 방법은 매우 강력하고 효과적입니다. 행동가 유형의 사람들을 바라보고 있던 상대방은 무의식적으로 이들에게서 뿜어 나오는 무엇인지 모를 강력한 기운을 느끼게 됩니다. 즉, 상대방은 이들이 확신에 차 있다고 느끼면서 강한 신뢰감을 가지게 됩니다. 결국 이

직접적인 눈맞춤

출처 픽사베이

들의 의견을 받아들이기로 마음을 먹습니다. 이렇게 흘러가는 자신의 생각에 영향을 준 것이 이들의 눈맞춤 때문이라는 것을 꿈에도 생각 못 한 채 말입니다. 이러한 마법 같은 행동가 유형 사람들의 직접적인 눈맞춤은 상대방에게 다음과 같은 의미를 전달해줍니다.

'나는 이 부분에 있어 나의 주장이 옳다는 것을 확신합니다.'
'나는 이 문제를 해결하기 위해 집중하고 있습니다.'
'나를 따라오면 반드시 좋을 결과가 있을 것입니다.'

행동가 유형의 사람들은 이러한 직접적인 눈맞춤을 통해 자신의 강한 신념을 보여줍니다. 만약 당신이 처음 본 사람과 대화를 할 때 왠지 모를 강한 기운이나 묘한 압박감을 느낀다면 그 사람은 아마 행동가 유형의 사람일 것이 확실합니다.

턱 들어 올리기

출처 픽사베이

'콧대가 하늘을 찌른다.'는 표현이 있습니다. 이 말은 보통 자신감이 넘치거나 혹은 거만한 사람들을 일컬을 때 쓰는 말입니다. 사람의 코는 얼굴의 중심부에 자리 잡고 있습니다. 많은 문화권에서 코를 지성의 상징으로 여기는 이유도 여기에 있습니다. 또한 코는 사람의 성격을 나타내는 지표이기도 합니다. 코를 앞으로 내미는 행동은 본능적으로 자신의 영역을 넓히려는 마음을 반영한 것입니다. 코를 앞으로 내밀게 되면 머리는 자연스럽게 뒤로 젖혀지게 됩니다. 이런 자세를 취하면 사람들은 자기도 모르게 자신감이 샘솟는 기분이 들기 마련이고, 심지어는 거만한 느낌까지도 갖게 됩니다.

행동가 유형의 사람들은 다른 사람들과 대화를 나눌 때 '직접적인 눈맞춤'과 '턱 들기' 동작을 번갈아 사용합니다. 직접적인 눈맞춤은 자신이 '말을 할 때' 주로 사용합니다. 반면에 '턱 들기'는 상대방의 말을 듣고 있을 때 주로 취하는 행동입니다. 이러한 동작들 때문에 행동가 유형의 사람들은 자신감이 넘치는 사람들로 보입니다. 턱을 들면서 머리를 뒤로 기울이는 이러한 자세는 다음과 같은 의미를 담고 있습니다.

'나의 목을 드러내도 위협을 전혀 느끼지 않습니다.'
'나는 어떠한 경쟁에서도 이길 자신이 있습니다.'
'나는 뛰어난 능력을 가진 사람입니다.'

왜 머리를 뒤로 기울이는 행동이 자신의 우월함을 상대방에게 보여주는 것일까요? 바로 '목'이 상징하는 의미 때문입니다. 인간의 신체에서 가장 취약한 부위 중 하나가 바로 '목'입니다. 목을 공격받게 되면 인간의 생명은 크게 위협을 받게 됩니다. 다른 신체 부위와 비교해볼 때 상대적으로 아주 취약한 '목'을 남 앞에 스스럼없이 드러낼 수 있다는 것은 그만큼

상담가의 목 기울이기와 행동가의 턱 들기 비교 사진

출처 모건 프리먼(Morgan Freeman), 미국의 배우 / https://url.kr/1df6g5
도널드 트럼프(Donald Trump) 미국 전 대통령

자신감이 넘친다는 것을 의미합니다. 즉, 자신은 상대방이 어떠한 공격을 해도 감당해낼 수 있을 정도의 충분한 힘과 능력을 가지고 있다는 것을 의미하는 것입니다.

상담가 유형의 사람들은 목을 왼쪽이나 오른쪽으로 기울임으로써 상대방에 대한 관심을 표현합니다. 반면에 행동가 유형은 턱을 위로 듭니다. 이것은 상대방에 대한 관심을 보여주려는 것이 아니라 자신의 자신감을 표현하려는 것입니다.

위의 설명을 읽고 '아, 이 사람, 행동가 유형이었구나!'라고 떠오르는 사람이 있습니까? 그 사람은 어떤 모습을 하고 있습니까? 머리는 약간 뒤로 기울어져 있고, 턱은 천장을 향해 있지 않습니까? 그렇다면 여러분이 떠올린 그 사람은 여러분에게 다음과 같이 보이고 싶어 하는 것입니다.

"나는 모든 면에서 당신보다 더 뛰어난 사람이야!"

행동가의 프로파일링 단서 2: 자세

존재감 빼면 시체! '힘'과 '자신감'의 몸짓

오랜 세월에 걸쳐 전 세계 어디에서나 '큰 키'는 '힘의 상징'이었습니다. 인류의 역사를 거슬러 올라가보면 강함을 보이는 전형적인 방법이 바로 자신의 모습을 상대방보다 더 크게 보이도록 만드는 것이었습니다. 고대의 유물이나 역사적 자료를 살펴보면 키가 커 보이도록 하기 위해 의복이나 장신구 등을 다양하게 활용해왔다는 것을 알 수 있습니다. 이러한 욕망은 인간에게만 국한된 것은 아닙니다. 동물들의 세계에서는 보통 몸의 크기에 따라 무리의 위계질서가 정해지기 마련입니다. 경쟁자보다 더욱 크고 강하게 자신을 보이도록 만드는 것은 비싼 대가, 즉 피를 보거나 목숨을 담보로 하는 싸움을 하지 않아도 경쟁자에게 항복과 순종을 이끌어낼 수 있습니다.

현대의 인간들도 선조들에게 물려받은 유전적 유산에 따라 다른 사람과 경쟁하거나 싸움을 할 때 무의식적으로 동물들과 비슷한 행동을 취하게 됩니다. 사람들은 그들의 경쟁자보다 몸을 크게 보이도록 만들어서 상대적 우위에 있다는 것을 보여주려고 노력합니다. 범죄자들 앞에서 허리에 양손을 올리고 몸을 크게 만들고 위협적인 표정을 하고 서 있는 경찰을 떠올리면 쉽게 이해가 될 것입니다. 행동가 유형의 사람들은 '몸 크게 하기'를 아주 잘 활용하는데 이는 다음과 같은 의미를 가지고 있습니다.

'나는 몸을 개방하고 있어도 충분히 이길 자신이 있습니다.'
'나는 강력한 힘을 가지고 있습니다.'
'나에게 도전하는 것은 무모한 짓입니다.'

행동가 유형의 사람들은 자신의 몸을 크게 보이도록 하기 위해 '공작새 전략peacock strategy'이라고 불리는 자세를 잘 활용합니다. 공작새가 다른 동물들보다 상대적으로 강하지 않음에도 불구하고, 진화의 투쟁 속에서 꿋꿋이 살아남을 수 있었던 이유가 있습니다. 바로 꼬리를 활용해 몸을 크게 만드는 전략을 썼기 때문입니다. 수컷 공작새는 꼬리를 활짝 펴서 자신의 몸을 크게 만듭니다. 크게 만드는 것에 그치지 않고 보다 화려하고 아름답게 만듭니다. 물론 이러한 모습은 천적들에게 쉽게 노출될 수 있는 위험을 가지고 있습니다. 하지만 이러한 수컷 공작새의 모습은 그들의 암컷들에게는 진화적 우위를 가진 존재로 비춰집니다. 위험한 생태계에서도 자신을 스스럼없이 드러낼 수 있다는 것은 그만큼 강력하고 우월한 유

턱 들고 몸 크게 하기 - 앙겔라 메르켈(Angela Merkel), 독일 전 연방총리

출처 https://url.kr/r7w8et

전자를 가지고 있음을 보여주는 것이기 때문입니다. 보다 더 화려하고 보다 더 큰 꼬리를 가지고 있는 수컷일수록 암컷 공작새에게 인기가 많은 것도 이 같은 이유 때문입니다.

행동가 유형의 사람들은 자신의 몸을 똑바로 세우고 손을 엉덩이나 허리에 둔 다음 양다리를 벌리고 서거나 앉아 자신의 몸을 크게 만듭니다. 그리고 이를 통해 '높이의 이점'을 얻으려고 노력합니다. 앉아 있을 때에는 뒤로 기댄 채 양팔을 목 뒤로 하고 상대방이 하는 말을 듣습니다. 물론 이러한 행동들이 너무 과하면 상대방에게 나태한 사람이나 오만한 사람으로 보일 수 있습니다. 또한 이러한 행동이 자신의 심리적 영역을 확보하거나 넓히려는 무의식적인 행동인 만큼 상대방에게 '위화감'을 주거나 '위협'으로 다가올 수도 있습니다. 만약 자신이 행동가 유형이라고 생각되는 사람들은 공식적인 자리에서 이런 자세를 너무 과하게 사용하지 않도

마크 큐번(Mark Cuban), 미국 기업인

출처 https://url.kr/1wro5f

록 특별한 주의를 필요로 합니다.

행동가 유형의 사람들은 가끔 '검지손가락'을 사용해 자신의 얼굴을 두드리기도 합니다. 이러한 행동은 이들이 상대방의 아이디어나 의견을 흥미롭게 듣고 있는 중이거나, 상대방의 의견이나 제안을 긍정적으로 받아들이고 있을 때 주로 나타납니다.

뉴턴의 물리학이 지배하고 있는 이 세상에서는 원인이 될 수 있는 행동이나 현상이 발생하면 그 원인에 따라 반드시 필연적인 결과가 뒤따르게 됩니다. 이것을 '원인과 결과의 법칙'이라고 합니다. 이 법칙하에서 우리의 몸도 예외는 아닙니다. 일반적으로 우리가 특정한 자세나 행동을 취하게 되면 그 자세에 부합하는 마음이나 감정이 뒤따르게 됩니다. 특정한 행동이나 자세가 원인이 되어 그에 따른 마음의 결과를 이끌어내는 것입니다. 즉, 사람의 몸은 사람의 마음을 반영하는 것입니다. 만약 여러분이

'면접', '연봉 협상', '발표' 등 긴장되는 상황에 놓인다면 행동가 유형의 '몸 크게 하기'를 30초만 따라해봅시다! 아마 여러분의 마음속 깊은 곳에서 서서히 차오르는 자신감을 느끼게 될 것입니다.

다음으로 설명할 행동가 유형의 몸짓은 '영역 차지하기'입니다. 이것은 앞에서 설명한 '몸 크게 하기'의 확장 버전입니다. 이것은 특정한 '영역을 차지함'으로써 자신의 '힘'을 과시하는 자세입니다. 우리는 본능적으로 자신의 영역을 중요하게 여기게 되는데, 이것은 학습에 의한 것이 아닌 본능에 의한 것입니다.

기억을 더듬어 초등학교 시절을 떠올려봅시다! 새 학년이 시작되고 반 편성을 하는 첫날 초등학교 교실에서 흔히 벌어지는 모습을 말입니다. 남자아이와 여자아이는 자신이 원하든 원하지 않든 짝꿍이 되어서 한 책상에 앉게 됩니다. 이때 한 아이가 손을 사용하거나 연필을 사용해 책상의 가운데에 선을 긋고, 자신의 영역으로 넘어오지 말라고 강력한 경고를 보냅니다. 성인이 된 지금 그러한 유치한 행동은 하지 않습니다. 하지만 인류의 '집단 무의식' 속에 깔려 있는 이러한 영역 차지하기의 욕망은 은연중에 그 모습을 드러냅니다. 우리의 몸짓과 행동을 통해서 말입니다.

이러한 '영역 차지하기' 행동은 아주 본능적으로 일어납니다. 상담가 유형의 사람들은 조금씩 몸을 기울여 상대방과 서로 공간을 '공유'하는 것에 의미를 둡니다. 하지만 행동가 유형의 사람들은 자신의 생각이나 의견을 관철시키기 위해 '공간을 차지'합니다. 이러한 행동가 유형 사람들의 행동에는 다음과 같은 의미가 있습니다.

'내 의견을 따라주셔야 합니다.'
'나는 이것을 이루어낼 자신이 있습니다.'
'이 부분만큼은 제가 잘 알고 있습니다.'

행동가 유형의 사람들은 모임이나 회의 장소에서 주로 중앙에 앉아 자신이 중심이 되려고 합니다. 그리고 이들은 손을 뻗어 책상이나 탁상을 잡고 이야기를 합니다. 앞에 나와 발표나 강의를 할 때면 양손으로 책상이나 강단을 넓게 잡습니다. 이때는 앞에 앉아 있는 사람들의 눈을 직접적으로 쳐다보고 말을 합니다.

이러한 행동가 유형 사람들의 '영역 차지하기' 행동은 자신의 영역을 자연스럽게 넓게 만들면서 동시에 상대방의 영역도 침범하는 효과를 가져옵니다. 사람들은 누군가가 자신의 개인적 공간을 침범하는 것을 좋아하

고든 램지(Gordon Ramsay), 요리사

출처 FOX

지 않습니다. 이러한 행동이 곧 자신에 대한 공격이라고 느끼기 때문입니다. 하지만 행동가 유형의 사람들은 이러한 영역 차지를 너무 자연스럽게 잘 활용합니다. 이들의 이러한 모습은 주변 사람들에게 자신감이 넘치는 모습으로 비춰지게 마련이고, 이들의 자신감은 주변 사람들에게도 강한 영향력을 미치게 됩니다. 이들과 함께하는 사람들은 자신들도 무엇이든 해낼 수 있을 것 같은 '확신'과 '용기'가 생기게 되는 것입니다.

행동가의 프로파일링 단서 3: 손짓

손가락만 하나 폈을 뿐인데! 손끝에서 느껴지는 카리스마, '손가락 포인팅'

'역전재판'은 일본의 게임 제작사 '캡콤Capcom'에서 출시해 큰 인기를 끌었던 '법정 어드벤처 게임'입니다. 이것은 후에 영화로도 제작되었습니다. 이 영화의 주인공은 '나루호도 류이치成步堂 龍一'이고 영어판에서의 이름은 '피닉스 라이트Phoenix Wright'입니다. 그는 진실을 밝히는 정의로운 변호사입니다. 나루호도는 법정에서 변론을 할 때 그만의 특정한 보디랭귀지를 사용하는데, 그것은 바로 '손가락으로 가리키기'입니다.

주인공 나루호도는 가장 중요한 진실을 밝히는 장면에서 손가락으로 중요한 증거나 범인을 지목하면서 사건의 진실을 밝힙니다. 이러한 손가락 가리키기는 상대방에게 강력한 영향을 줌으로써 결국 상대방이 자신도 모르게 그의 말에 수긍하거나 스스로 자백하게 만듭니다. 이렇듯 '손가락 가리키기'는 언뜻 보면 사소하지만 아주 강력한 힘과 영향력을 만들어내는 동작입니다. 행동가 유형의 사람들은 이러한 '손가락 가리키기'를 잘 활용합니다. 이들은 주먹을 쥔 후 검지를 펴서 누군가 혹은 무언가를 가리키는 듯한 동작을 자주 합니다. 이러한 행동에는 다음과 같은 의미가 담겨 있습니다.

'내 생각을 믿고 따라주길 바랍니다.'
'이 사항에 대한 권한은 내게 있습니다.'
'나는 이 부분에 대한 세부사항을 아주 잘 알고 있습니다.'

이러한 손가락 가리키기는 상대방에게 자신의 생각이나 의견을 따라줄 것을 요구하는 강력한 상징적 신호입니다. 이러한 행동가의 손가락 가리키기는 창조가 유형의 '그것'과는 조금 다릅니다. 창조가 유형은 리듬감 있게 손가락으로 위를 가리키는 행동을 합니다. 반면에 행동가 유형은 강하게 손을 뻗어 어떠한 대상을 가리킵니다. 이때 손가락 대신 '볼펜'이나 '포인터' 등을 사용하기도 합니다.

손가락이나 볼펜 그리고 포인터는 일종의 '총'이나 '칼' 등의 '무기'를 상징합니다. 따라서 이것을 사용해서 다른 사람을 가리키는 행동은 아주 강력한 효과를 가져옵니다. 이는 주로 각 분야의 리더들이 의식적이나 무의식적으로 많이 사용하는 손짓입니다. 이 손가락 가리키기의 대상이 되는 사람들은 불쾌감이나 무례함, 더 나아가 위협적인 느낌까지 받을 수 있습니다. 하지만 행동가 유형의 사람들이 '손가락 포인팅'을 하는 것은 대부

앙겔라 메르켈(Angela Merkel), 독일 전 연방총리

출처 https://url.kr/denu9x

에마뉘엘 마크롱(Emmanuel Macron), 프랑스 대통령

출처 http://asq.kr/zLUxwBZPw

분 자신의 의견이나 주장을 관철시키기 위해서 본능적으로 하는 행동입니다.

이러한 손가락 가리키기는 '핵심'을 강조하기 위해서도 사용합니다. 행동가 유형의 사람들은 한정된 시간 안에 많은 결과물을 만들어내고 싶어 합니다. 이들에게 '시간은 곧 금'입니다. 시간을 아끼기 위해서는 '핵심만 간결하게' 파악한 후 '빠르게 판단'하고 즉각적으로 '실행'에 옮겨야 합니다. 즉, 행동가 유형의 사람들은 빠른 결과를 얻어내기 위해 자연스럽게 자신의 손가락을 사용하는 것입니다. 만약 행동가 유형의 사람들이 여러분과 대화 도중 손가락 포인팅을 사용하고 있다면 이들은 지금 이렇게 외치고 있는 중일 것입니다.

“○○○를 꼭 기억해야 합니다. 왜냐하면 바로 ○○○이 성공의 열쇠이기 때문입니다!”

행동가의 프로파일링 추가 단서+

"내가 이렇게 능력 있는 사람이다" 전형적인 워커홀릭 사무실

행동가 유형의 사람들에게 최고의 지위에 오른다는 것은 곧 자신의 능력을 증명하는 것입니다. 동시에 이들의 존재 이유이기도 합니다. 따라서 이들의 사무실은 자신의 능력을 나타내는 '상징물'과 '소품'들로 가득 차 있습니다. 대표적인 상징물과 소품에는 '상패', '학위증', '증명서', '트로피' 등이 있습니다. 이것들은 자신의 업무에 직접적으로 관련된 것도 있지만, 그 이외에도 '골프대회'나 '마라톤' 등에 참가해서 받은 것들도 함께 진열되어 있습니다. 행동가 유형의 사람들은 왜 자신의 사무실에 이러한 자신만의 '전시회'를 여는 것일까요? 그것은 바로 삶 전반에 걸쳐 끊임없이 자신의 한계를 뛰어넘는 사람들로 보이고 싶기 때문입니다.

행동가 유형의 사람들은 이러한 상징물들을 위한 진열대를 따로 마련해놓습니다. 보통 자신의 책상 뒤쪽이나 한쪽 벽면, 때로는 두 곳 모두에 배치해놓습니다. 진열대의 위치는 누군가가 사무실에 들어왔을 때 가장 먼저 그리고 한눈에 들어오는 곳일 것입니다. 이들의 사무실에는 누군가와 함께 찍은 사진들도 걸려 있습니다. 그런데 이는 상담가 유형과는 다른 종류의 사진입니다. 상담가 유형의 사람들은 자신이 사랑하는 사람들과 함께 찍은 사진을 걸어놓습니다. 반면에 행동가 유형 사람들의 사진 속 사람들은 분명 유명인이나 영향력이 큰 인물들일 것입니다. 이러한 사진을 걸어놓는 의도는 매우 간단합니다. 바로 자신이 얼마나 능력 있고 잘나가는 사람인지를 나타내기 위함입니다.

만약 이들이 큰 기업의 CEO라면 자신의 사무실을 드라마에 나오는 전형적인 '회장님' 사무실처럼 꾸며놓았을 것입니다. 이들 CEO 사무실에는 다른 곳에서는 쉽게 보기 힘든 것이 하나 있습니다. 바로 '그림'입니다. 아마 그 그림은 '명성 있는 화가의 작품'일 것이고, 상당한 고가에다 어디에서나 쉽게 구하기 힘든 작품일 것입니다. 유명 화가의 작품만큼 자신의 품격과 능력을 동시에 보여줄 수 있는 소품은 없기 때문입니다. 그 밖에 거대 기업의 행동가 유형의 리더들은 자신의 사무실로 들어가는 출입구를 따로 만들어놓았을 것이고, 그들만이 사용할 수 있는 전용 엘리베이터도 따로 있을 것입니다. 자신은 다른 사람과 차원이 다른 존재라는 것을 보여주어야 하기 때문입니다.

이제 행동가 유형 사람들의 책상으로 옮겨가보겠습니다. 이들의 책상에는 '업무'와 관련된 서류들로 가득 차 있습니다. 이 서류들은 대부분 '현재' 진행되고 있는 프로젝트에 관련된 서류들입니다. 행동가 유형의 사람

행동가 유형의 사무실

출처 (위) MBC 예능 프로그램 〈나 혼자 산다〉 중, 연예인 전현무의 네 번째 집 거실
(아래 좌) https://url.kr/j2tcgf (아래 우) https://url.kr/3c1i2w

들은 늘 '바로 지금' 그리고 '바로 여기'에 살고 있습니다. 그래서 이들은 현재 진행되는 프로젝트 서류들을 쌓아놓았다가 프로젝트가 완전히 끝나면 한꺼번에 정리합니다. 이러한 업무 처리 방식은 다음 날도, 그다음 날도 무한 반복됩니다. 이들에게 '내일'은 없고 오직 '오늘'만이 있기 때문입니다.

행동가 유형 사람들의 책상에서는 업무 서류들뿐만 아니라 쌓여 있는 커피컵이나 잔들 그리고 다양한 종류의 '에너지 드링크' 등을 쉽게 발견할 수 있습니다. 이것들은 이들이 장시간 앉아 일을 하고 있다는 증거품이 되기도 하고, 한번 일을 시작하면 끝을 봐야 끝나는 행동가 유형 사람들의 전형적인 기질을 잘 드러내는 단서이기도 합니다. 더불어 이들의 모니터 여기저기에 덕지덕지 붙어 있는 '포스트잇'을 보는 것도 어려운 일은 아닙니다. 세심하게 문서를 작성하거나 글을 쓰는 것을 싫어하는 행동가 유형의 사람들에게 포스트잇만큼 유용한 메모지는 없을 것입니다.

하지만 이러한 행동가 유형의 사람들이 외부 미팅을 갈 때에는 조금 다른 모습을 보입니다. 이때만큼은 사용이 용이한 노트보다는 최고급 다이어리를 챙겨갑니다. 여기에는 자신의 이름이 각인된 '몽블랑'과 같은 최고급 만년필이 반드시 꽂혀 있을 것입니다. 그리고 이 소품들은 외부 미팅 전용 서류 가방 안에 있을 확률이 높습니다. 행동가 유형의 사람들이 사용하는 IT 기기들은 최신의 그리고 최고급의 제품들일 것입니다. 이들은 남들보다 늘 앞서가야 하고 남들과 다른 존재가 되려고 하는 욕망을 가지고 있는데, 이러한 제품 역시 그 예외가 되지 않기 때문입니다.

마지막으로 행동가 유형 사람들의 책꽂이와 책장을 살펴보겠습니다. 이들의 책꽂이에는 자신이 사인을 해야 하는 '결재 서류'들이 꽂혀 있을 것입니다. 책장에는 자신의 전문 분야에 관련된 전문 서적, 비즈니스 잡지, 최신 사업 트렌드 그리고 성공한 사람들의 서적이나 자서전들이 꽂혀 있을 것입니다. 이 역시 행동가 유형의 사람들에게 '자신의 역량을 강화'하고 '지적 충만감'을 채우는 필수품이기 때문입니다.

행동가의 프로파일링 추가 단서+

"내가 이렇게 품격 있는 사람이다" 매너 있고 '격(格)'을 갖춘 패션 스타일

행동가 유형의 패션은 이들의 성격처럼 스타일이 명료하고 뚜렷합니다. 이들의 스타일은 자신의 능력을 보여줄 품격 있는 정장을 입거나, 아니면 활동하기 편안한 운동복을 입거나 2가지 중 하나입니다. 또 행동가 유형은 최고급 매장의 브랜드 제품이나 맞춤 복장을 주로 이용합니다. 왜냐하면 최고급 브랜드는 이들의 능력을 보여주기에 가장 실용적인 도구이기 때문입니다. 평상시에 이들은 심플한 '블레이저 재킷blazer jacket, 스포츠용 웃옷'이나 '셔츠'에, '슬랙스slacks, 느슨하고 헐렁한 서양식 바지'나 슬림한 청바지를 즐겨 입습니다. 신발도 수제화나 명품 브랜드를 선호합니다.

행동가 유형의 사람들이 패션에서 가장 신경 쓰는 것 중 하나가 바로 패션 소품입니다. 다른 건 몰라도 가방이나 지갑 등은 고가의 브랜드를 선호합니다. 아마 이들의 명품 가방 속에는 강한 존재감을 드러내는 진한

셔츠와 슬랙스, 청바지 - 배우 박서준과 고준희

출처 (좌)https://star.ytn.co.kr/_sn/1406_201808061157027813
(우)https://news.mtn.co.kr/news-detail/2015061716291795817

운동복 - 모델 남주혁과 가수 손나은

출처 (좌)https://news.nate.com/view/20200117n32699
(우)https://news.jtbc.joins.com/article/article.aspx?news_id=NB11678651

행동가 유형의 지갑 스타일

출처 (좌)크리스찬 디올 클러치, https://url.kr/m2oisr (우)구찌 카드지갑, https://url.kr/slmx3z

향수와 함께 고급 만년필이나 명품 화장품, 손수건 등이 들어 있을 것입니다. 또한 이들은 지갑과 명함 지갑을 따로 함께 가지고 다니며, 주로 명품 로고나 상징 엠블럼이 크게 드러난 것을 선호합니다. 지갑 안에는 우대 카드, 멤버십 카드와 함께 수표도 넣어 다닐 것입니다.

남성 행동가 유형이 주로 착용하는 액세서리는 상담가 유형과는 사뭇 다릅니다. 금반지나 롤렉스 류의 시계 등이 대표적인 예입니다. 상담가 유형의 사람들이 끼고 있는 반지는 보통 자신이 사랑하는 사람이 있다는 것을 나타내기 위한 결혼반지나 커플 반지입니다. 하지만 행동가 유형이 끼고 있는 고급 반지는 '사랑의 상징'이라기보다는 '능력의 상징'일 확률이 높습니다. 이들에게 값비싼 액세서리는 자신의 능력을 증명하는 수단 중 하나이기 때문입니다.

남성 행동가 유형의 액세서리 스타일

출처 ㈜롤렉스 시계, https://url.kr/tkojfe ㈜구찌 반지, https://url.kr/y3vhwd ㈝구찌 벨트, https://url.kr/fte25o

여성 행동가 유형 역시 크고 화려한 고급 액세서리를 선호합니다. 또한 이들은 적절하게 매너를 갖춘 '블라우스'를 활용한 '오피스룩(office-Look)'을 즐겨 입습니다. 왜냐하면 활동적이면서도 맵시 있는 스타일을 추구하기 때문입니다. 평상시에 이들은 편안한 고급 운동화를 선호하지만 비즈니스 상황에서는 오히려 높은 굽의 구두를 선호합니다. 그 이유는 자신의 키를 좀 더 크게 보이게 만들 수 있기 때문입니다. 이 때문에 이들은 럭셔리하고 능력 있는 여성의 분위기를 풍깁니다.

한마디로 행동가 유형의 패션 핵심 키워드는 역시 '격格'입니다. 이들의 모든 행동들과 선택들은 '자신의 능력을 보여주고, 다른 사람들에게 인정받기 위함'임을 고려해보면 쉽게 이해할 수 있을 것입니다.

여성 행동가 유형의 액세서리 스타일

출처 (좌)구찌 시계, https://url.kr/do8tb5 (중)크리스찬 디올 반지, https://url.kr/3vjgx8
(우)루이비통 가방, https://url.kr/58pw6h

한눈에 보는 행동가 유형의 패션 - 배우 이동욱과 유인나

출처 https://url.kr/dkqyrf

행동가의 프로파일링 추가 단서+

"내가 이렇게 바쁜 사람이다" 행동가의 비대면 랭귀지(이메일, 메신저, SNS)

행동가 유형 사람들의 '비대면 랭귀지' 단서는 아주 쉽고 간단합니다. 온라인상에서도 이들의 기질과 성격은 그대로 나타납니다. 즉, 결론 위주로 핵심을 요약하고자 하기 때문에 이들이 사용하는 문장은 간결하고 내용 또한 짧습니다.

ACTIONER E-mail

사내 야유회 공지

보낸사람	이행동 팀장
받는사람	팀원

아래와 같이 정기사내야유회가 열리니 모든 팀원 참석 바람
일시 : 2022.01.15 오후1시
장소 : 용인회사 연수원

Ps. 자세한 사항은 김상담 직원에게 물어보길 바람.
이하 생략.

행동가 유형 사람들의 이메일은 이처럼 아주 간결합니다. 이들은 '있습니다'로 끝나는 문장보다는 '했음, 바람' 등의 '줄임말'을 즐겨 사용합니다. 이들의 이메일 제목에는 결론이 담겨 있으며, 그 내용은 육하원칙을 사용해 전달하고자 하는 메시지를 간략하게 기술해놓습니다. 이들은 업무에 필요한 객관적인 정보만 전달하기 때문에 창조가, 상담가 유형의 사람들과 달리 '이모티콘'은 거의 쓰지 않습니다. 여러분이 받은 이메일이 매우 간결하고 공백이 많이 느껴진다면 그것을 보낸 사람은 분명 행동가 유형일 것입니다.

행동가 유형의 '간결함'은 그들의 메신저에서도 여지없이 드러납니다. 우선 이들이 저장해놓은 상대방의 이름을 보면 이를 쉽게 알 수 있습니다. 상담가 유형의 사람들은 보통 상대방에 대한 애정을 담은 자신만의 애칭으로 이름을 저장해둡니다. 반면에 행동가 유형의 사람들은 말 그대로 '김철수, 박정수, 김미영' 등 해당하는 사람들의 이름을 그대로 저장합니다. 만약에 비즈니스에 관련된 사람들이라면 뒤에 '김철수 상무'처럼 그들의 직급 정도를 붙이는 것이 전부일 것입니다.

어쩌면 행동가 유형의 사람들에게 메신저는 '귀찮은' 도구일지도 모릅니다. 이들은 일일이 자신의 이야기들을 메신저에 적는 것을 매우 귀찮아하는 편이며, 답장을 받을 때까지 기다리는 것 또한 싫어합니다. 그래서 행동가 유형은 궁금한 것이 있거나, 문제가 있다고 생각될 경우 해당되는 사람에게 바로 전화를 걸어 즉시 그것을 해결하고자 합니다. 만약 메신저로 소통하는 중간에 전화를 걸어온다면 그 사람은 십중팔구 행동가 유형일 것입니다.

행동가 유형의 사람들에게 '소통'이라는 것은 상담가 유형의 그것처럼 상대방과의 '교감'을 위한 것이 아닙니다. 이들에게 소통의 목적은 '업무 진행'을 명확하게 파악하기 위함입니다. 따라서 이들이 전화를 할 경우 부차적인 내용은 빼고 용건만 간단히 말합니다. 행동가 유형의 사람들에게 오랜 시간 동안 통화를 하는 것은 아주 고통스러운 일입니다. 만약 통화가 3분 이내에 끝나지 않는다면 아마 행동가 유형의 사람들은 여러분에게 이렇게 말해올 것입니다.

"오늘 혹시 시간 돼? 만나서 대화하자!"

따라서 상담가 유형과 달리 행동가 유형의 사람들은 '메신저 꾸미기'에 큰 관심이 없습니다. 바탕이나 폰트 등은 거의 기본설정 그대로 놔둡니다. 단, 프로필 사진만큼은 자신의 품격이나 유능함을 나타내는 멋진 사진을 사용하기는 합니다. 상태 메시지는 다음과 같은 스타일일 것입니다.

'행동하지 않은 지식은 죽은 것이다. - 하버트 스펜서'와 같은 '실천'

행동가 유형의 메신저 예시

또한 이들의 프로필 사진은 거의 변하지 않을 것입니다. 일단 프로필 사진이나 상태 메시지에 자신의 품격이나 능력을 잘 표현했다면 이들은 크게 신경 쓰지 않고 그대로 놓아둘 것입니다.

행동가 유형의 사람들은 4가지 유형의 사람들 중 가장 연락하기 쉽지 않을 것입니다. 사적인 관계라면 더더욱 그럴 것입니다. 그 이유는 이들이 항상 '무엇인가'에 열중해 있기 때문입니다. 그나마 이들에게 답변이 온다고 해도 "일 중", "ㅇㅇ(응응)", "조금 있다 전화할게." 정도의 간략한 메시지가 전부일 것입니다. 그래서 상대방은 이들을 '늘 바쁜 사람'이라고 여기게 되는데, 그 이유는 이들이 실제로 바쁘게 살기 때문입니다.

행동가 유형의 사람들에게 SNS는 자신의 성취를 기록하는 동시에, 자신의 능력을 보여주기에 아주 적합한 매우 훌륭한 도구입니다. SNS는 마치 이들의 사무실에 놓인 진열장을 온라인으로 그대로 옮겨놓은 듯합니다. 이들은 프로필 소개 역시 명확하고 간결하게 '자신이 무엇을 하는 사람인지'와 함께 자신의 대표적인 경력이 무엇인지를 적어놓습니다. 사업을 하거나 프리랜서로 활동하는 사람들이라면 이들 SNS에 있는 프로필은 '미니 이력서'입니다.

이들의 피드에 있는 사진들을 보면 공통점을 발견할 수 있습니다. 바로 모든 사진의 주인공이 본인 '자신'이라는 것입니다. 열중해서 일하고 있는 모습, 끊임없이 자기계발을 하고 있는 것을 보여줄 수 있는 책을 읽는 모습이나 운동하는 모습의 사진이 주를 이룹니다. 그리고 고상한 취미를 즐

SNS 1 _ 행동가 유형의 SNS 세부 포스팅 예시

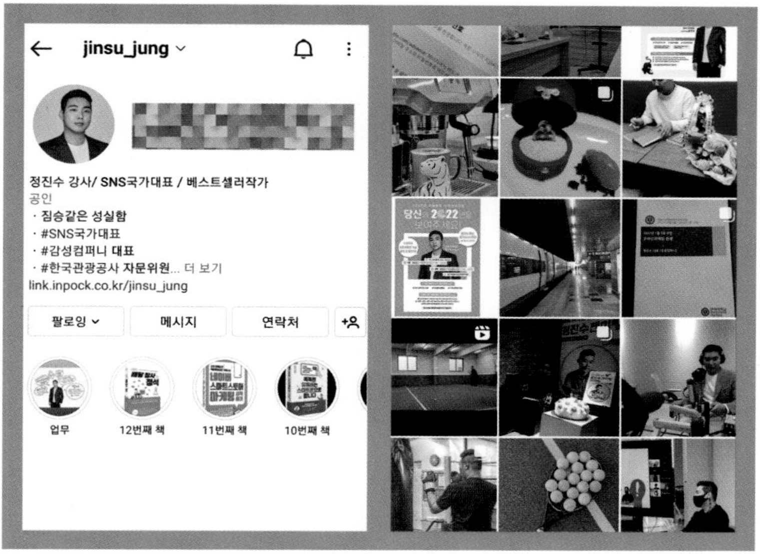

출처 인스타그램 @jinsu_jung

기는 모습이나 고급 음식점의 음식 사진 등도 볼 수 있습니다. 행동가 유형 사람들의 피드만 봐도 '이 사람, 정말 열심히 사는구나.'와 동시에 '능력자구나.'라는 인상을 받게 될 것입니다.

이들은 포스팅에 관련된 설명 역시 이메일, 메신저와 마찬가지로 매우 간결합니다. 그 내용은 주로 자신이 '오늘 얼마나 바빴는지', '얼마나 어려운 상황에 놓였었는지', 그럼에도 불구하고 '얼마나 잘 성취해냈는지' 그리고 '한계를 뛰어넘기 위해 얼마나 도전하며 사는지' 등입니다. 이들이 만약 친구들을 만난 포스팅을 올린다면 함께 찍은 사진 대신 함께 방문한 '핫플레이스'나 '고급지게 보이는 음식' 등의 사진과 함께 '오랜만에 힐링

SNS 2 _ 행동가 유형의 SNS 세부 포스팅 예시

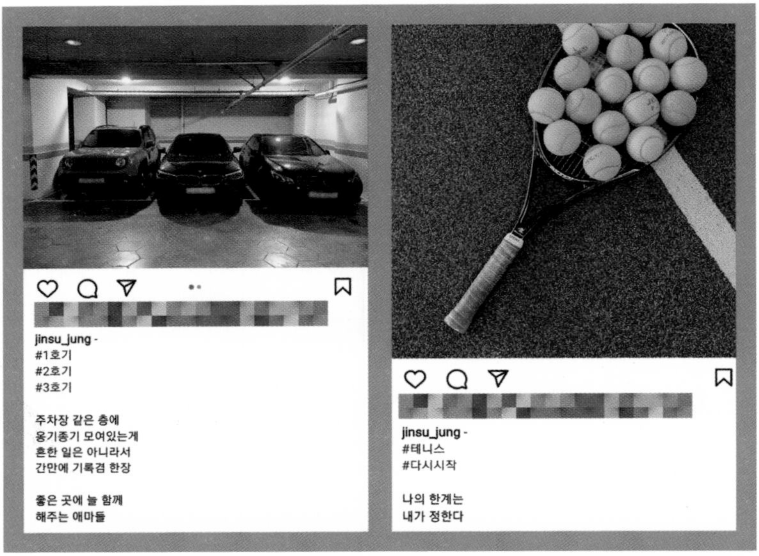

출처 인스타그램 @jinsu_jung

타임' 정도의 간결한 글을 올릴 것입니다.

SNS에는 행동가 유형을 대표하는 중요한 단서가 하나 더 있습니다. 바로 '명품'이 그것입니다. 주로 '잠시 머리 식히러 홀로 새벽 드라이브 중' 등의 내용과 함께 '외제차 로고'가 있는 '운전대'나 '차 키' 사진 혹은 테이블에 놓인 커피잔 옆에 놓인 '명품가방' 등이 그 대표적인 예입니다. 이 포스팅은 '내가 얼마나 바쁘게 사는지, 또 그만큼 얼마나 많은 것을 성취하고 있는지'를 보여주는 행동가의 정석입니다.

행동가 유형 사람들의 비대면 랭귀지를 요약해보면 이들의 보디랭귀지와 그 맥을 같이합니다. 자신의 '힘'을 보여줄 수 있는 행동이나 도구 등을 통해 자신의 존재감과 능력을 드러내는 것입니다. 결국 이들이 SNS를 통해 다른 사람들로부터 듣고 싶은 이야기는 매우 간단합니다.

"당신은 정말 멋진 능력자야!"

I CAN READ YOU

CHAPTER 9

거부할 수 없는 분석의 늪!: 분석가의 '제한하는 몸짓'

분석가의 프로파일링 단서

거부할 수 없는 분석의 늪, 프로 분석꾼의 제한하는 몸짓

'흔적을 남기지 않는 것'은 '흔적을 남기지 않는다는 것을 흔적으로 남기는 것'입니다. 이는 분석가 유형의 사람들을 프로파일링 할 때 염두에 두면 큰 도움이 될 것입니다. 이들은 '제한적 몸짓limitary gesture'을 주로 사용하는데, 4가지 기질 중 보디랭귀지가 가장 '정적'인 유형입니다. 제한적 몸짓이란 일정한 심리적, 물리적 거리를 둔 채 특정 '정보를 검토하기 위한 몸짓'을 말합니다. 이 몸짓의 특징은 거의 움직임이 없고 딱딱하며 방어적이라는 것입니다.

대표적인 제한적 몸짓들로는 '무표정, 거리 두기, 팔짱 끼기, 손바닥 보이지 않기' 등이 있습니다. 이 동작들이 가지고 있는 공통적인 의미는 다음과 같습니다.

'나는 깊이 생각하고 있습니다.'
'나에게 고민할 시간을 주십시오.'
'나는 일정한 거리를 두고 싶습니다.'

분석가 유형의 사람들에게 가장 중요한 것은 '원칙과 체계'입니다. 이들은 대화를 할 때에도 '얼마나 정확하고 검증된 정보인지, 원칙에 맞는 것인지, 논리적이고 체계적인지'에 무게를 둡니다. 따라서 이들은 아주 신중하게 상대방의 이야기를 경청하고, 모호한 부분에 대해서는 질문하고, 다시 경청하는 패턴을 반복합니다.

분석가 유형 사람들의 주요 대화 목적은 '정보적 교감'에 있습니다. 그래서 이들은 처음 보는 사람들과 서로의 사적인 이야기를 하는 것을 매우 불편하게 생각합니다. 만약 상담가 유형이 친밀한 관계를 형성하기 위해 이들에게 형식적인 인사로서 "이야기 많이 들었습니다. 반갑습니다!"라고 말을 걸어온다면 이들은 십중팔구 불편한 표정이나 무표정한 모습으로 다음과 같이 역으로 질문할 것입니다.

"누구에게 어떤 이야기를 들으셨습니까?"

그것도 작은 목소리로 조곤조곤 물어볼 것입니다.

분석가 유형의 사람들은 목소리 톤 역시 음색과 음조의 변화가 거의 없습니다. 이 때문에 이들을 처음 본 대부분의 사람들은 분석가 유형의 사람들이 차갑고 냉정한 사람이라고 느낄 것입니다. 때로는 분석가 유형의 사람들이 여러분이 하는 이야기에 반대 의견을 표시하거나 의문을 제기

할 수도 있습니다. 이때 여러분은 '혹시 내가 맘에 안 들어서 이렇게 쌀쌀맞게 구는 건가?'라는 생각을 할 수도 있습니다. 하지만 이 생각은 틀렸습니다. 이들은 단지 지금 만남의 목적에 충실한 것뿐입니다.

분석가 유형의 이러한 스타일에 불편한 감정을 느낄 수 있을지도 모릅니다. 하지만 이들이 하는 예리한 질문들은 놓치고 있었던 부분들을 다시 점검하게 해줌으로써 여러분의 생각을 정리하는 데 큰 도움이 될 수 있습니다. 따라서 이들과의 대화가 진행되면 진행될수록 이들의 정확함과 올곧음에 자신도 모르게 이들에 대한 강한 신뢰감을 느끼게 됩니다. 그럼 지금부터 '인간 주춧돌' 같은 분석가 유형의 프로파일링 단서들을 좀 더 자세히 살펴보겠습니다.

분석가의 프로파일링 단서 1: 표정

집 나간 표정을 찾습니다! 시크함의 정석, 분석가의 '무표정'

분석가 유형의 사람들에게 대화의 모든 내용은 '정보'로 변형되어 그들의 '지식 창고'에 저장됩니다. 행동가 유형 사람들의 대화 형태가 '무엇을'에서 '어떻게'로 흘러간다면, 분석가는 '무엇은'에서 '무엇이다'의 형태를 취합니다.

분석가 유형의 사람들은 모든 대화의 내용을 정보로 처리하기 때문에 그들의 표정에는 변화가 거의 없습니다. 정보를 분석하는 데 있어 이성적인 사고에 집중해야 하기 때문에 이들에게 주관적인 감정은 크게 도움이 되지 않습니다. 이렇듯 분석가 유형의 사람들은 표정의 변화가 워낙 적어서 사람들이 '얼음같이 차가운 사람이 아닐까'라고 생각하기 쉽습니다. 하지만 이들도 사람인 이상 자신의 생각이나 감정을 표현할 수밖에 없습니다. 다만 그 표정이 미세할 뿐입니다. 따라서 이들과 함께하는 사람들은

jtbc 〈뉴스룸〉의 손석희

출처 https://m.newspim.com/news/view/20170320000291

대화 내내 이들의 표정에 전혀 변화가 없다고 생각하기 마련입니다. 만약 이들이 미소를 짓고 있는데 여러분이 그것을 알아챌 정도라면 지금 이들은 '박장대소拍掌大笑'하고 있는 중일 것입니다. 즉, 이들은 지금 아주 큰 '감정의 소용돌이' 안에 있는 것입니다.

분석가 유형 사람들의 표정에 대해 쉽게 이해하려면 손석희 앵커를 떠올리면 됩니다. 그는 뉴스를 진행할 때 자신의 감정을 드러내지 않고 정확하게 시청자에게 전달을 합니다. 따라서 시청자들은 손석희 앵커가 진행하는 뉴스의 내용에 집중하게 되고, 결국 신뢰하는 마음으로 그가 이끄는 뉴스의 세계로 따라가게 되는 것입니다. 이러한 분석가 유형이 보이는 변화 없는 표정에는 다음과 같은 의미가 담겨 있습니다.

'나는 감정의 변화가 없는 평화로운 상태입니다.'
'나는 당신의 이야기를 집중해서 듣고 있습니다.'
'나는 당신의 이야기를 객관적인 관점에서 듣고 있습니다.'

4가지 기질 유형 중 행동가 유형과 분석가 유형은 대화를 할 때 자신의 감정을 통제합니다. 하지만 왜 사람들은 행동가 유형에게는 강렬한 인상을, 분석가 유형에게는 차가운 인상을 받을까요? 이 비밀은 눈맞춤의 위치에 있습니다. 행동가 유형의 사람들은 자신의 감정을 드러내지 않은 채 '직접적인 눈맞춤'을 하기 때문에 사람들은 이들에게 강한 기운을 느끼게 됩니다. 분석가 유형은 행동가 유형과 마찬가지로 표정의 변화가 크게 없습니다. 하지만 이들은 사람들을 직접적으로 쳐다보지 않고 '간접적인 눈맞춤'을 합니다. 이러한 분석가 유형 사람들의 눈맞춤 방식 때문에 이들과 함께하는 사람들은 자신 또는 자신이 하는 이야기에 관심이 없다고 생각하게 됩니다. 그래서 분석가 유형의 사람들을 냉정하거나 차가운 사람이라고 느끼게 됩니다.

'눈은 그 사람의 모든 것을 담고 있다'는 말이 있습니다. 사람들의 눈에는 그 사람의 인생이 담겨 있고 그 사람의 현재 감정이 담겨 있습니다. 그래서 이성적이고 객관적인 분석가 유형의 사람들은 눈을 통해서 자신의 정보를 드러내거나 상대방의 개인적인 정보를 알고 싶어 하지 않습니다. 이들은 상대방과의 직접적인 눈빛 교환을 꺼려하는 것입니다.

분석가 유형 사람들의 눈맞춤은 한마디로 상담가 유형에서 설명했던

'아래쪽 삼각형 응시하기'와 같습니다. 다만 상담가 유형과 다른 것은, 이들에게는 온화하고 부드러운 미소가 없다는 것입니다. 혹시 여러분 주변에 로봇이나 AI가 아닌가 하는 생각이 들 정도로 표정이 없는 사람이 있습니까? 그렇다면 그들은 아마 분석가 유형이 맞을 것입니다. 지금 여러분 앞에 분석가 유형의 사람이 조용히 당신의 말을 듣고 있다면 그들은 지금 표정으로 여러분에게 다음과 같이 말하고 있는 중일 것입니다.

"계속해서 이야기해보세요. 나는 지금 당신이 하는 말이 정확한지 분석하고 있는 중이니까요!"

분석가의 프로파일링 단서 2: 자세

꼼꼼함 만렙, 인간 현미경이 되는 '객관'과 '판단'의 몸짓

분석가 유형의 사람들은 표정뿐만 아니라 몸짓도 거의 없습니다. 그럼에도 불구하고 이들이 자주 사용하는 동작이 2가지 있습니다. 그것은 바로 '팔짱 끼기'와 '거리 두기'입니다. 이러한 행동들은 대표적인 '방어적인 자세'입니다. 방어적인 자세는 '목, 장기, 사타구니, 손목' 등 인간의 생명과 바로 연결되어 있는 신체들을 가리거나 감추는 행동을 말합니다. 이러한 방어적인 자세나 행동은 스스로에게 '편안함'을 줍니다. 이것은 위협적인 주변의 환경으로부터 자신을 '보호'하기 위해 나오는 본능적인 움직임들입니다. 분석가 유형의 사람들은 이러한 방어적인 자세를 통해 심리적 안정감을 찾으려고 합니다. 방어적인 행동들은 주변 상황이나 정보들을 객관적인 관점에서 바라보고 올바른 판단을 내리는 데 매우 효과적인 자세이기도 합니다. 이렇듯 분석가 유형의 사람들이 '강 건너 불구경'하기에

팔짱 끼기 자세

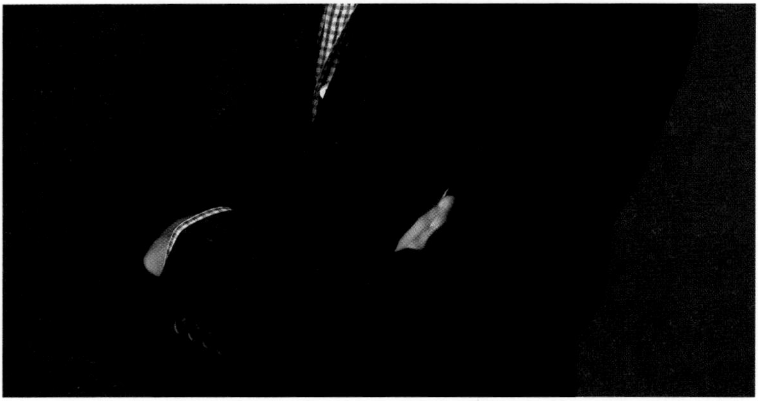

출처 픽사베이

'팔짱 끼기'와 '거리 두기'만큼 좋은 자세는 없을 것입니다.

우선 2가지 동작 중 '팔짱 끼기'부터 자세히 살펴보도록 하겠습니다. 팔짱 끼기는 방어적인 자세를 대표한다고 말할 수 있을 정도로 일반적이고 누구에게서나 쉽게 볼 수 있는 자세입니다. 두 손으로 팔짱을 끼는 행동의 본질적인 의미는 다음과 같습니다.

'나는 내가 한 말에 자신이 없습니다.'
'나는 당신의 말에 믿음이 가지 않습니다.'
'나는 지금 불쾌한 감정을 느끼고 있습니다.'

일반적으로 사람들은 좋아하지 않는 사람과 함께 있거나, 불안이나 불편함을 느끼게 되면 무의식적으로 자신의 양팔을 배 위에 가로질러 팔짱을 낍니다. 이 행동은 상대방과 거리를 두거나 혹시 주변으로부터 받을 수 있는 육체적, 정신적 공격으로부터 자신을 보호하기 위해 사용합니다. 보통 팔짱 끼기는 긴장된 얼굴 표정이나, 상대방으로부터 발을 돌리는 동작과 동시에 일어납니다. 이러한 행동은 사람들이 불안이나 두려움 등의 부정적인 감정을 느낄 때 일어납니다. 하지만 이 동작은 분석가 유형을 프로파일링 하는 데 있어서는 아주 중요한 단서가 됩니다.

만약 평소에 팔짱을 잘 끼지 않는 사람이 어느 순간 팔짱을 낀다면 그것은 그 사람이 부정적인 상황이나 감정에 처해 있다는 것을 의미하는 것입니다. 하지만 팔짱을 끼는 것이 '일상다반사日常茶飯事'인 사람이 있다면 그 사람은 분석가 유형의 사람일 확률이 매우 높습니다. 이들은 매사에 신중하고 냉철한 사람들이기 때문에 본능적으로 방어적인 자세를 쉽게 취합니다. 분석가 유형의 사람들은 팔짱을 껴서 자신의 장기를 가림으로써 안정적인 심리 상태를 만듭니다. 이를 통해 좀 더 꼼꼼하고 객관적으로 상황을 검토하고, 올바른 의사결정을 하고자 합니다. 즉, 이들은 항상 옳고 그름을 결정하는 일상생활의 '판사'로서 활동할 준비가 되어 있는 사람들인 것입니다.

물론 분석가 유형의 사람들만 팔짱을 끼는 것은 아닙니다. 모든 사람들이 이러한 방어적인 자세를 취합니다. 무엇을 꼼꼼하게 검토해야 할 때나, 신중하게 판단을 해야 할 때 우리는 자신도 모르게 팔짱을 끼기 마련입니다. 한번 전문가의 프로필 사진을 떠올려봅시다! 전문가들, 그중에서도 특히 기자, 회계사, 변호사, 입시 전문가 등의 직업을 가진 사람들은 대부분 프로필 사진에서 '팔짱을 끼고 자신감 있는 표정을 짓고 있는' 자세를 취합니다. 이는 무의식적으로 자신이 얼마나 객관적이고, 신중한 사람인지를 보여주기 위함입니다.

사람들의 몸과 마음은 서로 연결되어 있습니다. 특정한 자세나 행동은 특정한 마음과 생각에 영향을 줍니다. 쉽게 말해 개방적인 자세를 취하게 되면 'Yes'의 마음을, 방어적인 자세를 취하면 'No'의 마음을 갖게 될 확률이 높아진다는 것입니다. 이러한 사실은 'No'의 대명사인 분석가 유형의 사람들을 통해 무엇을 얻을 수 있을지에 대한 큰 통찰력을 제공합니다.

만약에 분석가 유형의 사람들에게 여러분이 하려는 사업에 대해 설명하고 있다고 생각해봅시다. 계획을 이야기하고 있는데 그 말을 듣고 있는 분석가 유형의 사람이 계속해서 팔짱을 끼고 있다면 그 사업은 포기하는 것이 바람직할 것입니다. 그와는 반대로 여러분의 이야기를 듣고 있던 분석가 유형의 사람이 스르르 팔짱을 푼다면 그것은 여러분이 구상하고 있는 사업이 성공할 가능성이 크다는 것을 의미합니다. 더 나아가 분석가 유형 사람의 표정을 보았더니 그가 팔짱을 푼 채 살며시 미소를 짓고 있다면 거기서 바로 여러분의 이야기를 멈추십시오! 그리고 바로 사업을 시작하면 됩니다. 그 사업의 성공은 보장된 것이나 다름없기 때문입니다.

지금부터는 분석가 유형의 사람들을 대표하는 또 다른 행동인 '거리 두기'에 대해서 자세히 알아보겠습니다. 상담가 유형에서 설명했듯이 사람들의 눈에는 보이지 않지만, 각자 자신들만의 심리적인 거리가 있습니다. 상담가 유형은 다른 사람들과 대화할 때 일반적으로 '몸을 기울여' 상대방

몸 뒤로 기대 앉아 거리 두기 - 크리스틴 라가르드(Christine Lagarde), 유럽 중앙은행 총재

출처 https://url.kr/iz51kw

과의 거리를 좁히려고 합니다. 반대로 분석가 유형의 사람들은 '몸 뒤로 가기', '몸 뒤로 밀기', '거리 두고 앉기' 등을 통해 상대방과의 일정한 거리를 유지하려고 합니다. 이렇듯 상대방과 적정 수준의 거리를 유지하려는 행동에는 공통적으로 다음과 같은 의미가 담겨 있습니다.

'나는 정중하고 예의 바른 사람입니다.'
'나는 객관적인 사람입니다.'
'나는 서로에게 부담스럽지 않았으면 합니다.'

분석가 유형의 사람들은 가족이나 오랜 친구 등 아주 가까운 관계가 아니라면 어느 정도의 '사회적 거리'를 유지하려고 합니다. 특히 처음 만난 사이라면 더더욱 그렇습니다. 사회적 거리란 상대방과의 거리가

'122~366cm' 정도를 말합니다. 일반적으로 이러한 거리에서는 사무적인 대화가 많이 이루어지게 되며, 서로에 대한 정중한 격식과 예의를 갖추게 됩니다. '예의범절禮儀凡節'을 그 어떤 유형보다도 중요시하는 분석가 유형의 사람들은 이러한 '사회적 거리 유지'를 통해 서로에 대한 좋은 관계를 이어가고 싶어 합니다. 즉, 분석가 유형의 사람들에게 '좋은 사이'란 일정한 '거리'가 있는 사이인 것입니다.

분석가 유형의 사람들은 중요한 의사결정을 내리기 전, 자신이 앉아 있던 자리에서 뒤로 물러나는 행동을 하는 것을 흔히 볼 수 있습니다. 이는 자신이 앉아 있던 책상이나 테이블에서 뒤로 물러나, 즉 앉아 있던 자리와 거리를 둔 채 다시 한번 더 현재 이슈에 대해 꼼꼼히 검토하고자 할 때 나타납니다. 이 행동의 의미는 자신이 고민하고 있는 내용을 객관적

팔짱 끼고 거리 두기

출처 2017 JTBC 뉴스 인트로 https://www.youtube.com/watch?v=D7FHVuV4OGc

인 관점에서 바라보려고 한다는 데 있습니다. 그런 행동 후 다시 원래 있었던 자리로 돌아오는데, 이것은 이들이 신중하고 객관적인 검토를 마쳤다는 것입니다. 이러한 거리 두기의 행동에는 다음과 같은 의미가 담겨 있습니다.

'나는 객관적으로 판단하는 중입니다.'
'나는 지금 검토하고 있는 문제에 의문이 듭니다.'
'나는 확신이 서지 않습니다.'

이러한 '뒤로 물러나 거리를 두는 행동'에는 보통 '팔짱 끼기'와 '다리 꼬기'가 동시에 일어나기 마련입니다. 분석가 유형의 사람들은 이러한 동작들을 통해 일정한 거리를 두고 모든 신체 부위를 닫은 채 현재의 주제를 최대한 객관적으로 신중하게 판단하려고 합니다. 물론 이러한 행동들은 분석가 유형 사람들의 본능에서 자연스럽게 나오는 것으로, 정작 이들은 자신이 이러한 자세를 취하고 있는지도 모를 수 있습니다. 만약 분석가가 대화 도중 이 두 동작들을 동시에 취한다면 이들은 온몸을 사용해서 여러분에게 다음과 같이 말하고 있는 것입니다.

"지금 '위험 탐지기'를 작동시키고 있는 중이야. 단 하나의 작은 실수도 용납할 수 없으니까!"

분석가의 프로파일링 단서 3: 손짓

왠지 모르게 벽이 느껴진다? 조심스러움의 '끝판왕', '손바닥 보이지 않기'

분석가 유형에 대한 마지막 프로파일링 단서는 '손(바닥) 보이지 않기'입니다. 일반적으로 사람들은 다른 사람들에게 감추고 싶은 것이 있을 때 자신의 손을 숨기곤 합니다. 엄마 몰래 과자를 먹다 들켰을 때 손을 뒤로 감추는 어린아이의 행동이 가장 대표적인 예가 될 것입니다. 이 행동이 대표적인 거짓말 징후 중 하나가 되는 이유입니다. 하지만 특별한 상황에서가 아니라 평상시에도 손을 잘 드러내지 않는 사람들은 분석가 유형일 확률이 높습니다. 이들은 다른 유형들과 달리 손을 사용하는 행동을 거의 하지 않습니다. 분석가 유형의 사람이 손을 사용하는 행동을 한다면 아마도 무엇인가 노트에 적는 경우일 것입니다. 이들은 대부분 책상 아래에 있는 자신의 무릎에 양손을 가지런히 올려놓은 채 상대방의 이야기를 경청할 것입니다.

턱 괴어 손바닥 보이지 않기

출처 https://url.kr/tryqin

책상 밑으로 손바닥 숨기기

출처 JTBC 〈썰전〉, 정치인 박형준

주머니에 손 넣기

출처 픽사베이

분석가 유형의 사람들은 주머니에 손을 넣어서 숨기기도 합니다. 여기에 이들의 무표정까지 더해진다면 이들의 모습은 마치 움직이는 사람들 속에서 혼자만이 '정지'되어 있는 것처럼 보이기도 합니다. 그렇다면 분석가 유형의 사람들은 왜 손바닥을 숨기는 것일까요? 이러한 손바닥을 숨기는 행동에는 다음과 같은 의미가 담겨 있습니다.

'나는 나에 대한 정보를 드러내고 싶지 않습니다.'
'나는 당신의 이야기를 신중하게 듣고 있습니다.'
'나는 최대한 객관적인 관점에서 보려고 합니다.'

상담가와 창조가 유형의 사람들은 자신의 손바닥을 보여주며 손을 활발하게 사용하면서 이야기를 합니다. 하지만 분석가 유형의 사람들이 손이나 손바닥을 상대방에게 드러내는 경우는 극히 드뭅니다. 이들은 책상 아래나 주머니 속에 손을 숨겨 최대한 자신의 정보를 드러내지 않으려고 합니다. 분석가 유형의 사람들은 섣불리 판단하지 않습니다. 다른 곳에서 입증되었다 할지라도 자신이 직접 한 번 더 철저하게 분석하고 검토해야 직성이 풀리는 사람들입니다. 그래서 스스로 확신이 들기 전까지 이들은 최대한 자신을 드러내지 않고 객관적인 상태에 있으려고 합니다.

분석가 유형 사람들의 이러한 손바닥을 보이지 않게 하는 행동은 상대방에게 불편함이나 불쾌감 등의 부정적인 감정을 들게 할 수 있습니다. 왜냐하면 이러한 행동은 분석가 유형의 사람들이 뭔가 자신들에게 숨기는 것이 있거나, 호의적이지 않다는 생각을 갖게 만들 수 있기 때문입니다. 만약에 여러분이 분석가 유형이라면 이 점을 반드시 명심해둘 필요가 있습니다. 다른 사람들과 대화할 때 적절하게 손이나 손바닥을 보이는 행동을 함으로써 불필요한 오해를 줄이는 것이 필요합니다.

반면에 여러분이 분석가 이외의 다른 유형이라면 이러한 이들의 손짓에 대해 지나치게 민감하게 반응할 필요가 없습니다. 이들은 자신의 손을 다른 사람들에게 보이지 않을 때 훨씬 더 편안함을 느끼기 때문입니다. 그럼에도 불구하고 분석가 유형 사람들의 이러한 행동이 자꾸 신경 쓰인다면 자연스럽게 이들이 손을 사용할 수 있는 환경을 만들면 됩니다. 이들에게 따뜻한 커피나 음료를 건네보세요. 그러면 이들은 자연스럽게 손을 사용하게 되고 좀 더 개방적인 자세를 취할 것입니다. 물론 이때에도 이들과 적정한 거리는 유지해야 된다는 점, 이것을 명심해야 합니다!

한눈에 보는
분석가의
프로파일링 단서

간접적인 눈맞춤
감정이 드러나지 않는 무표정
방어적인 제스처

분석가의 프로파일링 추가 단서+

"내가 이렇게 깔끔한 사람이다" 정리정돈의 정석, 깔끔 반듯한 사무실

분석가 유형의 사람들은 자신을 비롯한 모든 사람이 각자 자신의 자리에서 자신이 맡은 일에 열심일 때 편안함을 느낍니다. 이들은 각자 있어야 할 곳에 제대로 잘 있기만 한다면 그것만으로도 만족합니다. 이들의 사무실에서도 이러한 기질이 잘 드러납니다.

분석가 유형 사람들의 사무실은 언제나 방금 전에 청소한 것처럼 아주 깔끔합니다. 모든 물건은 제자리에, 그것도 반듯하게 위치해 있습니다. 이들에게 사무실은 말 그대로 '업무'를 보기 위한 공간입니다. 그래서 이들의 사무실에서 업무에 관련되지 않은 물건이나 소품을 찾기는 그리 쉽지 않습니다. 만약 이들 사무실에 개인적인 물건이 있다면 그것은 아마 칫솔과 치약, 손소독제나 핸드크림 정도일 것입니다. 이것들마저도 사용 후 서랍에 넣어두는 경우가 대부분입니다. 그 밖에 이들의 사무실에서 눈에 보이는 개인적인 물건이 있다면 위생을 위해 따로 들고 다니는 기능성 텀블러 정도가 전부일 것입니다.

분석가 유형의 사무실이 깔끔한 이유가 하나 더 있습니다. 이들은 자신의 사무실에 업무 관련 물건들을 '최소한'으로 둡니다. 창조가 유형이 '맥시멀리스트maximalist'라고 한다면, 분석가 유형은 반대로 '미니멀리스트minimalist'일 것입니다. 이렇듯 깔끔한 분석가 유형의 사람들은 의외로 '인테리어'에는 크게 관심을 두지 않습니다. 이들은 사무실을 장식하는 것을

분석가 유형의 사무실 예시

출처 (위) 분석가 유형 지인의 사무실
(아래 좌) https://url.kr/lywzvi (아래 우) 첼시로그 유튜브: https://youtu.be/MmlGIM1nGSM

별로 좋아하지 않아서 휑함이 느껴질 정도로 사무실이 심플합니다. 이들이 업무에 사용하는 모든 물건들은 매우 실용적으로 배치되어 있습니다.

분석가 유형의 사람들이 사용하는 대표적인 소품으로는 '듀얼 모니터'와 '달력', '시계' 등이 있습니다. 이러한 물건들은 효율적인 업무 수행을 위한 것입니다. 이들은 듀얼 모니터의 경우 자신이 진행하는 업무용 그리고 업무에 필요한 정보 검색용 이렇게 2가지로 구분하여 자신만의 업무 시스템을 구축해둡니다. 분석가 유형의 사람들은 마치 계획하기 위해서 일하는 것같이 보일 정도로 계획하는 것을 좋아합니다. 그런 만큼 계획한 것을 점검하는 데 필요한 달력과 시계는 이들의 책상에서 가장 흔하게 볼 수 있는 프로파일링 단서들입니다.

물론 행동가도 달력을 책상에 두는 경우가 종종 있긴 합니다만, 분석가의 달력과는 조금 차이가 있습니다. 행동가 유형은 성과 달성에 관련된 업무 흐름을 파악하기 위해 달력을 사용합니다. 그 때문에 그들의 사무실 벽면에는 큰 사이즈의 달력이 걸려 있습니다. 반면에 분석가 유형의 사람들은 자신만이 볼 수 있는 탁상 달력을 선호합니다. 이들은 다른 사람들에게 자신의 개인 정보가 드러나는 것을 좋아하지 않기 때문입니다. 이들의 달력에 써 있는 글씨를 보면 이 유형의 꼼꼼함과 반듯함이 묻어납니다. 분석가 유형의 사람들은, 글씨체는 작고 오밀조밀하게, 그리고 빼곡하게 자신의 업무 일정을 적어두었을 것입니다. 물론 쓰여 있는 내용은 모두 업무에 관련된 내용일 것입니다. 자신의 개인적인 일정은 늘 이들이 지니고 다니는 만년 다이어리나 휴대폰에 기록해둡니다.

분석가 이외의 다른 유형들은 책꽂이에 자신의 관심사에 관련된 책들이 업무 서류들과 함께 꽂혀 있는 경우가 대부분입니다. 하지만 분석가 유형 사람들의 책꽂이에서 업무와 관련되지 않은 책은 찾아보기 어렵습니다. 대신 현재 진행 중인 업무에 관련된 문서들을 카테고리별로 구분해서 순서대로 배치해 꽂아둡니다. 이것 역시 업무의 효율성을 높이기 위함입니다.

사무실에서 분석가 유형의 여부를 판가름할 수 있는 확실한 단서가 하나 더 있습니다. 바로 서랍입니다. 이들은 항상 서랍을 열쇠로 잠가놓습니다. 이들의 서랍 안은 여러 가지 수납용품을 활용하여 아주 잘 정리정돈 되어 있을 것입니다. 또한 사용하고 있는 제품들의 '사용설명서와 품질보증서' 등도 한편에 잘 모아두었을 것입니다. 일반적으로 분석가 유형의 사무실인지 아닌지를 판단하는 것은 매우 쉽습니다. 그냥 딱 보면 알 수 있습니다. 먼지 하나 없을 정도로 깔끔하기 때문입니다!

분석가의 프로파일링 추가 단서+

"내가 이렇게 신뢰감 있는 사람이다" 심플하고 단정한 패션 스타일

분석가 유형의 반듯함은 이들의 패션에서도 드러납니다. 이들은 절제되고 단정한 스타일을 추구하기 때문에 옷매무새는 군더더기 없이 매우 깔끔합니다. 왜냐하면 패션 역시도 상황과 목적에 맞게 예의를 갖춰야 한다고 생각하기 때문입니다. 그래서 어두운 계열의 정장에 흰 셔츠, 즉 전형적인 정장 차림을 즐겨 입습니다. 신발도 편안한 운동화보다는 예의를 갖춘 구두를 선호합니다. 또한 자신의 구두를 요일별로 번갈아 신을 수 있도록 여러 켤레의 구두를 보유하고 있습니다. 그리고 시간이 날 때마다 구두를 윤기 나게 닦습니다. 언제든 신을 수 있도록 준비해놓는 것입니다.

분석가 유형은 남성과 여성이 비슷한 모습을 보입니다. 일반적으로 분석가 유형은 반듯하고 도시적인 스타일을 선호합니다. 그래서 옷의 무늬

분석가 유형의 패션 스타일 - 배우 박보검과 가수 윤아

출처 (좌)LF TNGT (우)tvN 〈THE K2〉공식 페이스북

나 장식이 거의 없습니다. 만약 분석가들이 조금 화려하게 멋을 낸다면 규칙적으로 배열된 격자무늬 정도의 옷일 것입니다.

남성 분석가 유형은 늘 같은 브랜드 매장에서 같은 판매원에 구매합니다. 그 이유는 혹시 모를 구매의 실패를 경험하고 싶지 않기 때문입니다. 따라서 이들이 구매를 한다는 것은 충분한 검증 과정을 거쳤다는 것을 의미하기도 합니다. 남성 분석가 유형의 머리는 '짧은 편'이며, 얼굴 역시 수염 없이 항상 말끔하게 다닙니다. 이들은 따로 액세서리를 하지 않는 편입니다.

또한 이들은 군더더기 없이 깔끔한 '가죽 서류 가방'을 선호합니다. 가방 안에는 자신의 계획이 적힌 수첩이나 다이어리, 오늘 처리해야 할 문서들이 깔끔하게 정리되어 있습니다. 만약 우연히 누군가의 가방 안을 보

남성 분석가 유형의 가방 스타일

출처 (좌)쌤소나이트 브리프케이스, https://url.kr/vu16ao (우)몽블랑 만년 다이어리, https://url.kr/sp7r6v

앉는데 아주 깔끔하게 정리되어 있다면 아마 그 사람은 분명 분석가 유형일 것입니다.

이들이 만약에 결혼을 했다면 결혼반지는 반드시 끼고 다닐 것입니다. 물론 상담가 유형의 사람들도 결혼반지를 하고 다닙니다. 하지만 그 동기는 약간 다릅니다. 상담가 유형은 사랑하는 사람들과 항상 함께하고 싶은 마음에 반지를 낍니다. 반면에 분석가 유형은 사랑하는 사람과의 약속이기 때문에 반지를 낍니다. 이들에게 결혼반지를 끼는 것은 반드시 해야만 하는 의무이자 도리인 것입니다.

여성 분석가 유형은 주로 백화점에서 의류와 패션소품을 구매하는 편인데 그 이유는 간단합니다. 믿을 수 있기 때문입니다. 또한 적당한 가격대의 계절에 꼭 맞는 상의에 단정한 바지를 선호합니다. 왜냐하면 이들

여성 분석가 유형의 액세서리 스타일

출처 (좌))메드스튜디오 은반지, https://url.kr/befnkl (중)빈폴 레이디스 스카프, https://url.kr/4aop87
(우)세라 구두, https://url.kr/mylifj

에게 패션 스타일보다 중요한 것은 바로 '합리적인 구매'이기 때문입니다. 또한 이들은 스타일과 어울리지 않더라도 편안한 신발을 착용하는 편입니다. 만약 구두를 신어야 한다면 낮은 굽의 구두를 선호합니다. 액세서리는 별로 좋아하지 않지만, 이들이 액세서리를 착용한다면 '심플한' '은' 반지나 '밝은색'의 스카프를 하는 정도일 것입니다.

심플하고 단정한 패션을 선호하는 분석가 유형의 핵심 키워드는 역시 '신뢰'입니다. 이들의 모든 행동들은 '남들에게 믿음'을 주기 위한 것이라는 점을 염두에 두고 본다면 이들의 패션 역시 쉽게 떠올려볼 수 있을 것입니다.

한눈에 보는 분석가 유형의 패션 - 앵커 안나경과 오대영

출처 JTBC 〈뉴스1〉

분석가의 프로파일링 추가 단서+

"내가 이렇게 꼼꼼한 사람이다" 분석가의 비대면 랭귀지 (이메일, 메신저, SNS)

분석가 유형 사람들의 '비대면 랭귀지'는 이들의 꼼꼼함과 규칙적인 모습을 잘 보여주는 단서가 됩니다. 이들의 비대면 랭귀지 역시 '정보' 중심의 표현들이 많습니다. 대표적으로는 "이번 안건에 대해 검토를 요청드립니다." 또는 "~~때문에 ○○○프로젝트 진행 여부를 고려해주시길 바랍니다." 등의 표현들이 있습니다. 전형적인 사무적 말투라고 생각하면 훨씬 더 이해하기 쉬울 것입니다. 그중에 하이라이트가 될 수 있는 단서는 바로 항목별로 '논리 정연하게 정리된 이메일'입니다.

분석가 유형의 사람들이 이메일을 전달할 때 가장 중요하게 생각하는 것은 단순 정보만이 아닌 '정보를 얼마나 정확하게 제대로 전달하느냐'입니다. 그래서 이들은 4가지 유형 중 이메일을 쓰는 데 가장 신경을 많이 쓰는 유형이기도 합니다. 이들은 제일 먼저 메시지의 주제를 표시하고,

프로젝트의 제목을 정확하게 적습니다. 부서명이나 직함 역시 마찬가지입니다. 메일의 내용을 보면 이들은 어떤 정보에 관련된 것인지 세세하게 적어놓습니다. 너무 완벽하고 일목요연하게 정리해놓아서 이들이 내용에 대해 질문을 받는 경우는 거의 없습니다. 분석가 유형의 사람들은 메일의 각주를 활용하여 자신의 소속과 회사 로고, 직급 및 연락처 등도 반드시 기재합니다. 이는 외부용 메일뿐만이 아니라 사내 메일에서도 마찬가지입니다.

분석가 유형의 사람들이 메일을 보낼 때 정확한 정보 전달 다음으로 중요하게 생각하는 것이 있습니다. 바로 '레이아웃'입니다. 이들은 마치 자신들의 사무실을 정리해놓은 것처럼 메일의 레이아웃도 깔끔하게 구성합니다. 글꼴, 정렬, 자간, 글꼴의 색을 맞추고 '표'를 사용해서 그 간결함

분석가 유형의 이메일 예시

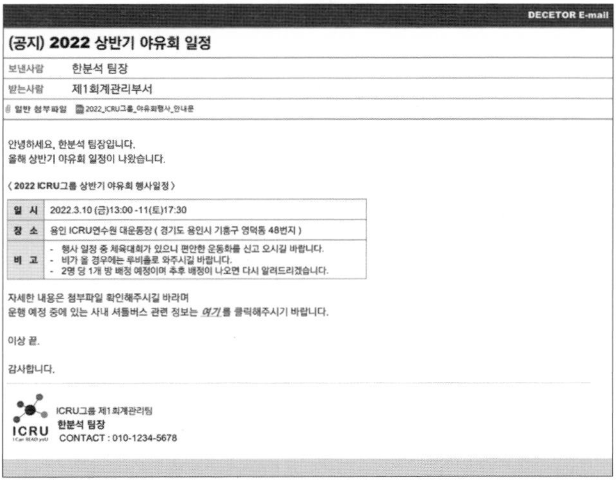
DECETOR E-mail

(공지) 2022 상반기 야유회 일정

보낸사람 한분석 팀장

받는사람 제1회계관리부서

일반 첨부파일 2022_ICRU그룹_야유회행사_안내문

안녕하세요, 한분석 팀장입니다.
올해 상반기 야유회 일정이 나왔습니다.

〈 2022 ICRU그룹 상반기 야유회 행사일정 〉

일 시	2022.3.10 (금)13:00 -11(토)17:30
장 소	용인 ICRU연수원 대운동장 (경기도 용인시 기흥구 영덕동 48번지)
비 고	- 행사 일정 중 체육대회가 있으니 편안한 운동화를 신고 오시길 바랍니다. - 비가 올 경우에는 루비홀로 와주시길 바랍니다. - 2명 당 1개 방 배정 예정이며 추후 배정이 나오면 다시 알려드리겠습니다.

자세한 내용은 첨부파일 확인해주시길 바라며
운행 예정 중에 있는 사내 셔틀버스 관련 정보는 *여기*를 클릭해주시기 바랍니다.

이상 끝.

감사합니다.

ICRU
ICRU그룹 제1회계관리팀
한분석 팀장
CONTACT : 010-1234-5678

과 명확함을 강화합니다. 들쑥날쑥한 레이아웃은 이들의 신경을 매우 거슬리게 하기 때문입니다. 이러한 방식은 문서 작성에서도 마찬가지로 적용됩니다. 비록 시간이 조금 더 걸릴지라도 이들은 오타 하나 없이 완벽하게 문서를 작성합니다. 이들은 한마디로 탁월한 행정가의 전형입니다.

그렇다면 분석가 유형 사람들의 메신저는 어떨까요? 메신저로 대화를 주고받는 것부터 이름을 저장하는 것까지 이메일과 다를 것이 하나도 없습니다. 특히 이름은 항상 '이름+소속(직무)'으로 일관되게 저장해놓습니다. 예를 들어 고등학교 동창이면 '김철수(고등학교 동창), 회사 동료는 '김민수(기획부 대리)', 이런 식으로 말입니다. 이들에게는 가족도 예외가 될 수 없습니다. '이영희(아내), 박지영(엄마)'와 같은 방식으로 저장해둡니다.

분석가 유형 사람들의 메신저 역시 '정보' 중심의 대화 패턴을 가지고 있습니다. 이모티콘은 되도록 쓰지 않으며, 문장이 끝날 때에는 항상 마침표를 찍는다는 특징도 있습니다. 이들은 특별한 상황이 아니라면 먼저 연락을 하는 경우도 많지 않습니다. 하지만 누군가 이들에게 연락을 해온다

분석가 유형의 메시지 예시

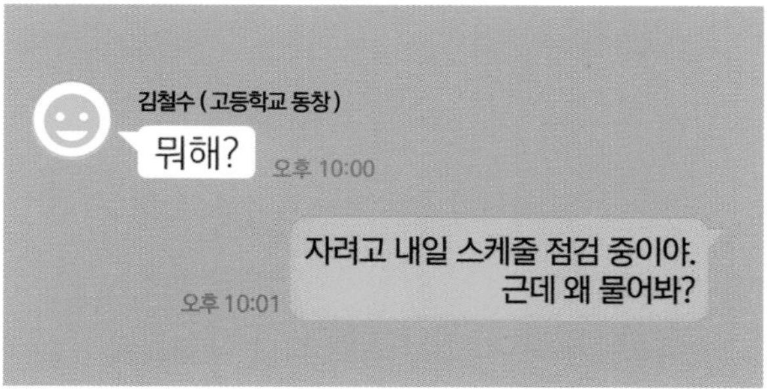

면 빠지지 않고 답장을 해줍니다. 특히 연인이나 배우자, 가족 등 아주 친밀한 사람들의 연락에는 아주 성실하게 답장을 합니다. 물론 이때도 자신이 '무엇'을 하고 있는지 등에 대한 정보 전달이 중심이 됩니다.

분석가 유형의 사람들이 중요하게 전달할 메시지가 있는 상황이라면, 전화보다는 메신저를 통해 의사소통을 하는 것을 선호합니다. 정확한 정보를 전달하고 기록을 남겨두기에는 전화보다 메신저가 훨씬 더 효과적이기 때문입니다. 이들은 잘 모르는 사람들에게 자신을 드러내는 것을 별로 좋아하지 않기 때문에 메신저의 프로필은 보통 풍경 사진이나 기본적인 사진을 사용합니다. 만약 프로필에 자신의 모습을 올려놓는다면 아마 그것은 '증명사진' 같은 형태일 확률이 높습니다. 그렇지 않다면 간접적인 방식으로 자신을 드러내는, 예를 들어 옆모습이 나와 있는 사진 같은 것을 선택할 것입니다. 그리고 이들은 '상태 메시지'는 거의 쓰지 않습니다. 만약 상태 메시지를 쓴다면 좋은 의미를 담은 사자성어나 좋은 글귀들을 올려놓을 것입니다. 또는 자신의 해야 할 일을 체크하는 체크리스트로 상태 메시지를 활용하기도 합니다.

마지막으로 분석가 유형 사람들의 SNS 패턴을 살펴보겠습니다. 이들은 사실 SNS를 별로 좋아하지 않습니다. 왜냐하면 SNS만큼 '개인의 신상정보'를 드러내는 도구는 없기 때문입니다. 그래서 분석가 유형의 사람들은 SNS를 되도록이면 하지 않으려고 합니다. 이들이 만약 SNS를 하게 된다면 그것은 아마 정보를 수집하기 위해서일 확률이 높습니다. 주로 자신의 취미나 관심 분야의 정보 또는 일상생활에 도움이 될 수 있는 정보를 수집합니다. 그리고 주로 비공개로 저장하거나 스크랩을 해둡니다. SNS의 사용 목적이 단순한 정보 수집에 있다면 이들은 인스타그램, 페이스북보다는 폴더별로 정리가 가능한 블로그 형태를 선호할 것입니다. 이들에게 블로그는 일종의 온라인 수납장이기 때문입니다.

그렇다고 분석가 유형의 사람들이 인스타그램이나 페이스북을 전혀 하지 않는 것은 아닙니다. 만약 이들이 SNS를 한다면 자신의 일상이나 취미 등 관련된 내용을 '기록'하기 위한 도구로 활용할 것입니다. 이들은 이때도 매우 규칙적으로 '피드'를 올릴 것입니다. 즉, 분석가 유형의 사람들은 SNS를 아예 하지 않거나, 한다면 매우 규칙적으로 하는 유형인 것입니다.

그렇다면 이들의 SNS는 어떤 모습일까요? 분석가 유형의 사람들에게 SNS는 '기록용 도구'이기 때문에 다음 페이지의 이미지처럼 '일기장', '일상기록' 등의 내용으로 짤막하게 자신의 계정을 소개할 것입니다. 또한 이들은 '정리정돈'을 중요하게 여기기 때문에 자신만의 별도의 레이아웃을 활용합니다. 이들이 올린 사진들 대부분은 구조가 심플하며 동일한 색감의 필터를 사용할 것입니다. 그래서 이들의 프로필 피드를 보면 아주 심플하게 구성되어 있습니다. 마치 깔끔하게 정리정돈 되어 있는 이들의 사무실처럼 말입니다. 올리는 포스팅 내용 역시 매우 심플합니다.

이들이 쓰는 글의 내용은 올려져 있는 사진에 대한 정보로 구성되어 있습니다. 만약 이들이 카페에서 찍은 사진을 올렸다면 글의 내용에는 카페 상호와 함께 어디에 위치한 곳인지를 정확하게 기재할 것입니다. 심지어 동창회에 다녀온 내용에 대해 포스팅을 해도 동창과 함께 찍은 사진들보

SNS 1 _ 분석가 유형의 SNS 세부 포스팅 예시

출처 인스타그램 @transer.k_diary

SNS 2 _ 분석가 유형의 SNS 세부 포스팅 예시

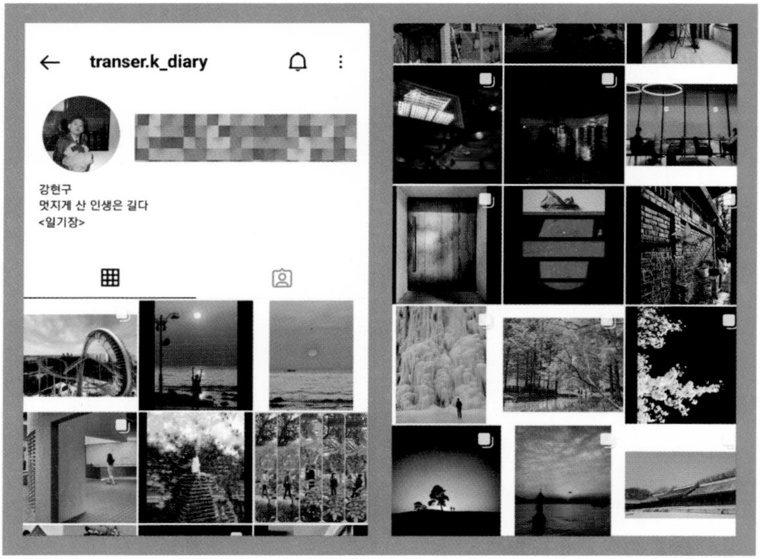

출처 인스타그램 @transer.k_diary

분석가 유형의 인스타그램 예시

출처 (좌)지인 인스타그램 / (우)직접 제작

다는 그 동창회가 열렸던 장소와 그곳에서 먹었던 음식 위주의 사진을 올릴 것입니다. 내용에는 '동창들과 함께했던 2시간' 등의 방식으로 정보 중심으로 썼을 것입니다. 특히 이들은 숫자를 좋아하기 때문에 '2시간, 3일, 4번째' 등의 숫자로 활용하여 글을 쓰는 것을 선호합니다. 그래서 가끔은 이사 날이나 시험 날 등의 디데이를 카운트다운 하는 포스팅을 매일 똑같은 시간에 올리기도 합니다. 결국 이메일도, 메신저도, SNS도 비대면 랭귀지의 주요 목적은 '정보 전달'인 것입니다. 그리고 이러한 정보 전달을 통해 이들이 보여주고 싶은 모습은 다음과 같습니다.

"나는 매사에 규칙적이고 꼼꼼한 사람이야!"

PART

03

대표 인물 사례로 보는
기질 프로파일링

I CAN READ YOU

CHAPTER 10

tvN 〈식스센스〉, 멤버들의 기질을 알 수 있는 '결정적 단서':

유재석, 제시, 미주, 오나라, 전소민, 이상엽

"절대 현혹되지 마라!"
진짜와 가짜를 찾아 떠나는 진실의 여정
tvN 〈식스센스〉 출연진 성향 분석

프랑스 철학가 장 보드리야르Jean Baudri-llard는 우리가 살아가고 있는 현재의 이곳은 실재가 아닌 '가상 실재', 즉 '시뮬라크르simulacre'라고 하였습니다. 그는 현대사회는 사물이 기호로 대체되고 현실의 이미지, 즉 시뮬라크르들이 실재를 지배하고 대체하는 곳이라고 하였습니다. 더 이상 원본은 없고 원본과 시뮬라크르의 구별도 없다는 것입니다. 이러한 개념을 바탕으로 만든 영화가 바로 워쇼스키Wachowski 형제, 아니 지금은 워쇼스키 자매가 만든 〈매트릭스The Matrix〉입니다. 이 영화에서는 실제로 장 보드리야르 선생의 저서인 《시뮬라크르와 시뮬라시옹》(1981)이 나옵니다. 주인공 네오(키에누 리부스 분)는 자신이 사는 세상이 진짜가 아닌 시뮬레이션 세상이라는 것을 알고 매우 혼란스러워합니다. 그런 주인공 네오에

출처 tvN 〈식스센스〉 홈페이지

게 스승의 역할을 하는 모피어스(로렌스 피시번 분)는 다음과 같은 질문을 합니다.

"진짜란 무엇이지? 진짜를 어떻게 정의 내릴 수 있을까? 촉각, 시각, 후각, 미각, 이런 것이 진짜일까? 그런 관점이라면 '진짜'라는 것은 두뇌가 해석하는 전기 신호에 불과한 것이야. 너는 꿈나라에 살았던 것이다, 네오!"

이런 진짜와 같은 세상 속에 사는 우리들은 진짜와 가짜를 구별하고 싶어 합니다. 그런 능력을 가지기 위해서는 시각, 청각, 신체 감각, 미각 그리고 후각 이상의 감각이 필요한데 그것은 바로 '육감', 즉 '식스 센스six sense'입니다. 출연자와 시청자가 육감을 발휘해 진짜와 가짜를 구별하는 프로그램이 있는데, 그것이 바로 〈식스센스〉입니다. tvN에서 제작하고

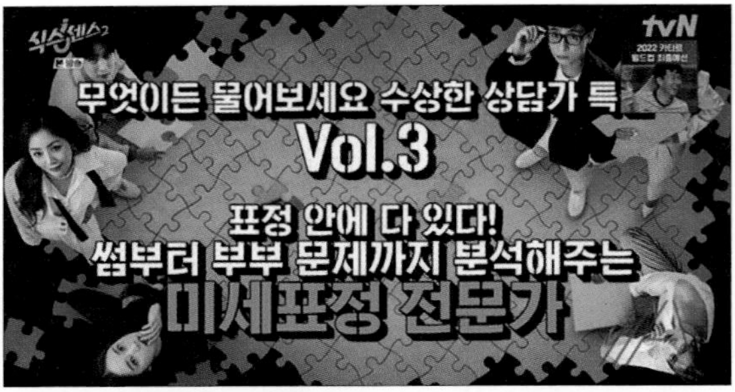

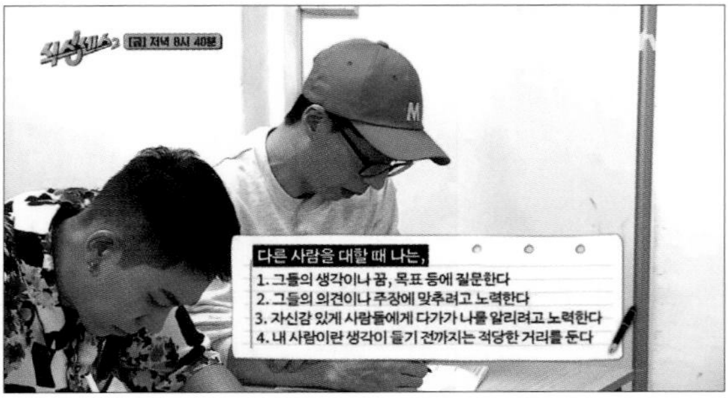

출처 tvN 〈식스센스〉 방송 화면

있는 프로그램 〈식스센스〉는 진짜 속에 숨어 있는 진짜보다 더 진짜 같은 가짜를 찾는 추리 버라이어티 프로그램입니다. 국민 MC 유재석을 필두로 가수 제시와 그룹 러블리즈 멤버 미주 그리고 배우 전소미, 오나라, 이상엽이 출연합니다. 이들은 연예계에서도 촉 좋기로 소문난 '촉집게'들입니다. 이들은 매주 핫하게 떠오르는 맛집, 트렌드의 중심에 있는 장소들, 젊은이들의 관심이 집중되고 있는 인물들을 찾아다니며 '진짜'와 '가짜'를 찾아내는 '진실의 여정'을 떠납니다. 이들에게 내린 유일한 '행동 강령'은 다음과 같습니다.

"절대 현혹되지 마라!"

최고의 인기를 구가하고 있는 〈식스센스〉 제작진 측에서 우리에게 출연 요청을 해왔습니다. '미세 표정 전문가'라는 이색 직업 전문가로서 출연해달라는 것이었습니다. 또한 ICRU 진단을 통해 멤버들의 기질과 성향 그리고 연애 스타일을 진단해달라고 했습니다.

우리는 사전에 그들의 출연 영상 모두를 분석해서 숨어 있는 그들의 비언어 신호들과 기질을 분석했습니다. 그리고 실제 촬영날 출연진들에게 진단 테스트를 실시했고, 각 멤버들이 어떤 기질을 가지고 있는지를 확인할 수 있었습니다. 지금부터 유재석 MC를 비롯한 〈식스센스〉 멤버 전원의 기질에 대한 결과를 소개해드리겠습니다.

출연자들이 직접 작성한 진단지를 분석한 결과, 다음 페이지의 그래프에서 보는 것처럼 유재석 MC와 가수 미주는 상담가의 기질을, 가수 제시, 배우 오나라, 전소민, 이상엽은 행동가의 기질을 가진 것으로 밝혀졌습니다.

사람들의 기질은 크게 4가지로 나눌 수 있지만, 이 4가지의 대표 유형에 뒤따르는 두 번째 유형의 형태에 따라 같은 기질이라도 조금 다른 차이를 나타내고 그것은 총 16가지의 유형으로 구분됩니다.

이번 장에서는 아래의 표를 기반으로 각 출연자들의 성향에 대해 자세히 설명을 해드리겠습니다.

출처 tvN 〈식스센스〉 방송 화면

Revolutioner 창조가	Sherpa 안내자	Catalyst 촉진자	Emotioner 상담가
Maverick 승부사	Artisan 장인	Spokesperson 대변인	Orchestrator 조직자
Innovator 혁명가	Kingpin 선도자	Renovator 쇄신가	Coordinator 조정자
Actioner 행동가	Guardian 보호자	Developer 개발자	Detector 분석가

유재석 MC와 미주는 쌍둥이 유형? 재치 있는 상담가 '유재석 MC'와 '가수 미주'

출처 tvN 〈식스센스〉 방송 화면

#알고보면_은근4차원
#활기찬_리액션은_이들을_따라올 수_없음
#맞춤형_애드립의_귀재 #열정적인_팀플레이어
#분위기메이커 #재치있는_상담가

〈식스센스〉의 분위기 메이커를 꼽으라고 한다면 단연 유재석 MC와 가수 미주일 것입니다. 두 사람의 '주거니 받거니' 하는 호흡은 〈식스센스〉뿐만 아니라 다른 TV 프로그램에서도 잘 볼 수 있습니다. 우리는 ICRU 기질 검사를 통해 두 사람의 찰떡 호흡 비결이 '같은 유형'을 가지고 있기 때문이라는 것을 알 수 있었습니다.

두 사람 모두 대표 기질로는 '상담가' 유형에, 보조 유형으로는 '창조가' 유형을 가지고 있습니다. 이러한 유형을 우리는 '촉진자catalyst' 유형이라고

든든한 잔소리꾼

해맑은 말괄량이

부르는데, 앞의 16가지 유형을 확인해보면 쉽게 이해할 수 있습니다. '재치 있는 상담가'인 이들은 '내 사람들과 재미있는 추억을 만드는 것'에 기쁨을 느낍니다.

소중한 사람들에게 재미있는 추억을 만들어주는 촉진자 유형은 이들 특유의 활기참과 친화력으로 회사이든 개인적인 만남이든 어떤 상황에서도 사람들을 즐겁고 편안하게 만들어줍니다. 어떤 곳을 가도 잘 어울리는 촉진자 유형의 사람들은 새로운 상황 또는 관계도 열정적으로 포용하여 전체를 하나로 똘똘 뭉치게 하는 힘을 가지고 있습니다.

특히 이들은 대화를 할 때에도 상대방에게 따듯하고 활기차게 반응해주고 그들의 마음을 잘 파악하여 재치 있는 배려를 해줍니다. 이 때문에 주변 사람들에게 이들은 꼭 필요한 사람이라고 느끼게 만들어줍니다. 촉진자 유형의 사람들은 끈끈한 소속감을 느낄 수 있는 업무 환경을 선호하는 동시에, 그 안에서 다양한 변화와 자유분방함 역시 원합니다. 또한 이들은 사람에 대한 본능적인 육감이 뛰어나고, 가능성을 발견해내는 통찰력도 가지고 있어서 인재를 발굴해내고 육성하는 데 탁월한 재능을 가지고 있습니다.

촉진자 유형의 대표적인 프로파일링 단서는 '흥이 넘치는 리액션'입니다. 이들은 사람들의 이야기를 잘 들어주고 또 잘 반응해주는데, 그 반응은 전형적인 상담가 유형처럼 나긋나긋하지만은 않습니다. 이들은 대신 활기차고 재미있는 리액션을 통해 상대방의 이야기에 반응합니다. 재치 있는 리액션과 크고 다양한 표정과 제스처를 활용한 이들의 감정 표현은 사람들과의 대화에 활기를 불어넣습니다. 그래서 이들은 늘 모임의 분위기 메이커 역할을 하는 유형이기도 합니다.

유재석 MC가 출연하는 또 다른 tvN의 인기 프로그램 〈유퀴즈〉에서 그가 게스트의 이야기를 듣고 대화를 진행해가는 모습을 보면 쉽게 촉진자 유형에 대한 이미지를 떠올려볼 수 있을 것입니다. 가수 미주 역시 〈식스센스〉 시즌 1, 2 그리고 시즌 3에 보여준 내용을 전반적으로 살펴보면, 그녀는 먼저 무엇인가를 제안하거나 행동하지 않습니다. 그보다는 초대 손님이 왔을 때 적극적으로 반겨주는 모습이나 다른 패널들의 이야기에 반응하는 행동들을 주로 합니다. 그런데 그 행동이 특이하고 재미있어서 촬영장을 웃음바다로 만들기도 합니다. 이러한 관점에서 프로그램을 다시 한번 찾아본다면 그녀가 어떤 사람이라는 것을 쉽게 파악할 수 있을 것입니다.

아마존 여전사들! 행동가 유형 '가수 제시, 배우 오나라와 전소민'

출처 tvN 〈식스센스〉 방송 화면

#쉬는게_더스트레스 #성취가즘
#성취중독 #성취변태 #추진력이_쓰나미급
#인간불도저 #몸이_먼저나감 #행동파
#숨길수없는_포스_쎈캐정석 #화난거아님_주의

〈식스센스〉에는 '대장부' 스타일의 여전사들이 대거 포진해 있습니다. 바로 가수 제시, 배우 오나라 그리고 전소민입니다. 이들은 기질 진단 결과 모두 '행동가' 기질을 강하게 쓰는 것으로 나타났습니다. 그녀들은 '마음먹은 것은 무조건 해야 직성이 풀리고, 말보단 행동이 먼저 나가는' 말 그대로 행동파입니다. 그러나 보조 유형에 따라 그녀들 사이에서도 미묘한 차이를 볼 수 있습니다.

씩씩한 여장부

#창의적인_행동가 #마이웨이_사업가
#진지충_아니죠 #진취중독_진취충
#언제_생각하고_언제뛰어?! #뛰면서_생각하는_스타일
#호불호_확실_뼛속까지 단호박

먼저 가수 제시는 주요 기질인 행동가를 보조하는 유형으로 '창조가' 기질을 가지고 있는 것으로 나왔습니다. 즉, '자신만의 독특한 방법으로 목표를 이루는 사람'입니다. 이러한 사람들을 '혁명가innovator' 유형이라고 합니다. 이 혁명가 유형의 사람들은 명확한 목표를 설정하고, 이를 달성하기 위해 자신이 속한 모든 부분에서 변화와 혁신을 도모하는 사람들입니다. 그래서 이 유형은 조직의 변화를 이끌어내는 리더가 많은 유형입니다. 자신의 능력을 테스트하고 발전시키길 원하는 이들은 매사에 당차고 진취적인 태도로 임합니다. 또한 빠른 판단력과 강한 추진력을 가진 이들은 어떠한 생각이나 아이디어가 떠오르면 그 즉시 행동하는 행동파입니다.

이들은 어렵거나 특이한 미션들을 좋아하며, 이를 해결하기 위해 기존의 현상들을 과감히 타파하는 대담함도 가지고 있습니다. 또한 이들은 성과를 달성하기 위해 실험적인 방법들도 마다하지 않는 모험가입니다. 혁명가 유형의 사람들은 자신만의 확고한 라이프스타일을 가지고 있으며 일을 시작하면 끝을 봐야 직성이 풀립니다. 이들은 어떠한 프로젝트가 시작되면 쉬지 않고 일하는 집중력의 소유자들입니다. 그래서 혁명가 유형의 사람들은 개인적이고 독립적인 업무 환경을 선호합니다. 이들은 일을 진행하는 데 있어 예리하고 거침없으면서도 재치 있는 이들만의 커뮤니케이션 강점을 통해 다른 사람들을 설득하는 능력이 탁월합니다.

〈식스센스〉에서 자세히 살펴보면 가수 제시는 늘 '가짜를 찾아내는 것'과 '게임에 이겨 힌트를 획득하는 것'에 가장 열정적인 모습을 보입니다. 그런데 그녀의 문제해결에 대한 접근 방식이 다른 패널과는 다르게 독특합니다. 처음에는 제작진이 파놓은 함정에 넘어가는 것처럼 보이다가도 결정적인 순간에는 혁명가 유형 사람들만의 예리함으로 '가짜'를 찾아냅니다. 그녀는 정답을 맞히는 사람들에게 주어지는 선물인 '금'을 모두 가져간 유일한 패널이기도 합니다.

우리는 제작진들이 어떤 접근 방식으로 문제를 풀어갈지 예측할 수 없는 제시를 속이기 위해 매회마다 많은 고민하고 있다는 비하인드 스토리도 들을 수 있었습니다. 그녀의 강하지만 자신만의 개성을 살린 패션 스타일부터 시원시원하게 뻗는 굵고 강한 보디랭귀지와 직접적인 눈맞춤 그리고 직접적인 대화법은 그녀가 행동가 유형임을 잘 나타내는 프로파일링 단서들입니다. 그런데 말과 행동을 보면 다른 사람들이 예측할 수 없는 독특한 것들이 많다는 점은 그녀의 보조 유형이 창조가임을 나타내는 프로파일링 단서가 됩니다.

#사교적인_행동가
#겉차속따! #츤데레의_교과서
#옆에_있으면_같이_힘이_넘침 #인간_바카스
#나만_믿고_따라와! #박력_쩌는_장군
#자신감_스파르타로_펌프해줌 #스파르타격려가

배우 오나라와 전소민 역시 '행동가' 유형을 대표 기질로 가지고 있습니다. 하지만 가수 제시와 달리 그녀들은 '상담가 '유형을 보조 유형으로 가지고 있습니다. 두 배우의 유형은 '선도자kingpin' 유형입니다. 이 유형은 '목표 달성을 위해 나만의 팀을 꾸리고, 그 팀원들을 이끌어가는 선도자 같은 사람들'입니다. 즉, 가수 제시는 목표 달성을 위해 '나만의 독특한 방식'으로 문제를 풀어가는 사람이라면, 배우 오나라와 전소민은 목표 달성을 위해 '팀플레이'를 하는 사람들입니다. 그래서 같은 행동가 유형임에도 불구하고 이들이 화면에 보이는 모습에는 차이가 있는 것입니다.

추진력과 실행력이 뛰어나면서도 동시에 사람들의 마음을 읽어내는 육감이 발달한 선도자 유형은 자신들의 소중한 사람들을 이끌고 목표를 향해 달려가는 리더십 스타일을 가지고 있습니다. 매사에 자신감이 넘치고 두려움을 모르는 이들은 더 높고, 더 나은 목표를 위해 끊임없이 도전하는 사람들입니다.

또한 이들은 마음먹은 것은 반드시 이루어내는 끈기와 의지가 강합니다. 그러나 경쟁적인 방식을 통해 목표를 성취하기보다는 포용력 있는 방식을 선호하기 때문에 이들은 주변 사람들과 함께 모여 시너지를 내고자 노력합니다.

선도자 유형의 사람들은 관계 구축 능력이 뛰어나고 상대방이 존중받고 있다고 느끼게 해주며, 사람들을 격려하는 방법에 아주 능통합니다. 이들은 끊임없이 사람들의 동기를 파악하고 그들의 사고방식과 행동을 의식적으로 변화시켜 정해둔 목표를 향해 달려갈 수 있도록 지원해줍니다.

특히 이들은 다른 사람들이 풀지 못한 문제에 대해 적절한 해법을 찾아주고 고민을 들어줍니다. 이들은 인정이 필요한 사람에게는 우정을, 권력을 원하는 사람에게는 권한을, 안정을 필요로 하는 사람에게는 안정된 환경을, 변화를 필요로 하는 사람에게는 새로운 도전의 기회를 제공합니다. 따라서 이들은 조직원들의 참여와 열정을 증폭시키는 능력이 탁월합니다.

오나라와 전소민, 두 배우는 〈식스센스〉 프로그램에서 강하게 자신의 감정이나 의견을 표현하면서도 가짜를 맞출 때에는 함께할 사람을 찾거나 주변 사람들의 의견을 들으며 함께 추리해나갑니다. 혹은 방문한 곳 사장님들과 대화를 하는 도중에 마음을 진정으로 울리는 곳이 있으면 그녀들은 '진짜'라는 확신을 가집니다. 그녀들의 몸짓에서 드러나는 프로파일링 단서 역시 마찬가지입니다. 목소리는 크지만, 그녀들이 나누는 대화 내용의 초점은 '사람과 감정'에 맞춰져 있습니다. 크고 강한 보디랭귀지와 다르게 그녀들은 자신들의 얼굴 표정을 통해 다양한 감정선을 보여줍니다.

프로그램 마지막에 진짜와 가짜를 밝히는 순간에도 그녀들은 두 손을 모아 간절히 기도하는 모습을 보입니다. 이 행동은 상담가의 보디랭귀지입니다. 물론 그녀들의 대표 기질이 행동가 유형이기 때문에 이러한 몸짓들 역시 아주 크고 선명합니다. 만약 누군가 두 배우처럼 자신의 감정을 크고 선이 굵은 보디랭귀지를 통해 강력하게 주장한다면 그들은 아마 '선도자' 유형일 것입니다.

〈식스센스〉의 반전 캐릭터, 진지한 행동가 '배우 이상엽'

#세상_시크한_수호신
#빠르게_그러나_꼼꼼하게 #성격급한_완벽주의자
#소리_없이_강하다 #묵직함의_정석
#확실함_빼면_시체 #칼같음
#항상_각잡혀있음 #진지한_행동가

프로그램을 통해 보이는 모습과 ICRU 기질 진단을 통해서 나타나는 특성이 전혀 다른 출연자는 바로 이상엽 배우였습니다. 그는 방송에서 조용하고 어찌 보면 부드러운 모습을 자주 보여주었는데, 기질 진단 결과를

보면 오히려 행동가 유형의 기질을 가지고 있음이 밝혀졌습니다. 그 이유를 분석해본 결과, 가수 제시를 비롯한 여성 출연진들이 워낙 강한 '행동가' 기질을 가지고 있기 때문에 그녀들과 비교해 상대적으로 유하게 보이는 듯합니다. 물론 배우 이상엽이 실제의 자기 모습을 감추고 프로그램에 맞게 연출한 모습일 수도 있습니다. 배우 이상엽의 보조 유형은 정적인 '분석가'입니다. 이 점도 그가 조용하고 차분한 이미지로 비춰진 이유일 수 있습니다.

대표 기질은 행동가, 보조 유형은 분석가인 배우 이상엽은 일명 '조용한 행동가'라고 불리는 '보호자guardian' 유형입니다. 이 보호자 유형은 성취욕과 노련한 관리 능력을 모두 가진 사람들입니다. 이들은 자신만의 확고한 신념 아래 원대한 목표를 세우고, 이를 체계적으로 달성해나갑니다. 목표를 향해 추진력 있게 나아가면서도 동시에 꼼꼼히 체크하는 이들은 확실한 마무리로 주변 사람들에게 아주 강력한 신뢰를 주는 사람들입니다.

보호자 유형의 사람들은 특히 내부적으로는 자신의 팀(또는 조직)을 보호합니다. 외부적으로는 체계적이고 구체적인 실행 방안을 통해 한 단계, 한 단계 공동의 목표를 성취해나갑니다. 이들은 자신감이 넘치면서도 차분한 성격으로, 보호자 유형 특유의 듬직함으로 사람들을 이끄는 리더입니다. 매사에 명확하고 의욕적인 태도로 임하는 이들은 자신의 생각이나 의견을 분명하게 밝히며, 그것을 뒷받침할 수 있는 근거자료를 수집하는 데 능숙합니다.

보호자 유형의 사람들은 보통 의사결정이 빠른 편이지만, 중대한 사항을 결정할 때에는 상당히 신중해집니다. 이들은 자유롭게 자신이 스스로 기획할 수 있고, 이를 위해 기존의 자료들을 검토할 수 있는 권한이 주어진 업무 환경을 선호합니다. 또한 실용주의자이기도 한 이들은 어떠한 결정을 내릴 때 '실현 가능성'을 가장 중요하게 생각합니다. 이들은 그만큼 현실 감각과 핵심을 꿰뚫는 예리함, 분석력이 탁월한 유형의 사람들입니다.

〈식스센스〉 방송을 보면 배우 이상엽의 이러한 보호자 유형의 단서들이 잘 나타납니다. 그가 제일 많이 하는 행동은 자신만의 영역을 확보하는 것입니다. 이 프로그램은 여성 출연자들이 많은 데다, 앞에서 살펴본 것처럼 그녀들은 모두 아주 강한 기질을 가지고 있습니다. 또한 시간이 지날수록 그녀들은 마치 '아마조네스 여전사들'처럼 서로 호흡도 잘 맞습니다. 그녀들은 하나로 똘똘 뭉쳐 마치 사냥을 하듯 정답을 맞추어나갑니다. 배우 이상엽은 이러한 강인한 성격의 여성 출연자들을 따라가기보다는 우선 자신의 공간을 만들고 거기서 꿋꿋이 촬영을 이어나갑니다. 이런 그가 자주 보이는 몸짓이 있는데 그것은 소위 '무화과잎 자세'라고 불리는 양손을 모아 자신의 주요 부위를 가리는 자세입니다. 이것은 분석가 유형이 자주 하는 자세입니다. 아마도 그의 보조 유형이 분석가이기 때문에 이 기질에서 기인된 행동으로 보입니다.

여성 출연자들에게 구박을 자주 받는 그이지만, 여성 출연자들이 당황스러운 상황에 처할 때에는 그의 몸 뒤로 숨습니다. 이때 그는 마치 그녀들을 보호하는 듯한 행동을 보입니다. 이것을 보면 그는 방송뿐만 아니라 방송 이외의 상황에서도 그녀들에게 듬직한 보호자로서의 역할을 다하고 있다는 것을 알 수 있습니다.

지금까지 〈식스센스〉 출연자들의 기질을 소개하고 그것을 파악할 수 있는 프로파일링 단서들을 분석해보았습니다. 유튜브를 검색해보면 〈식스센스〉의 다양한 영상을 쉽게 찾을 수 있을 것입니다. 지금까지 설명해드린 내용을 참고하면서 그 영상들을 주의 깊게 본다면 아마 이전에는 보이지 않았던 새로운 모습들이 여러분의 눈을 사로잡을 것입니다.

I CAN READ YOU

CHAPTER 11

jtbc4 〈인간이 왜 그래〉, 미팅 관찰 카메라로 보는 패널 기질 전격 분석!:

토니안, 남주, 권혁수, 김호영, 장천, 정혁

'인맥 피로, 관태기의 사회! 신개념 인맥 진단 토크 버라이어티' jtbc4 〈인간이 왜 그래〉 출연진 성향 분석

정보통신기술의 급격한 발전과 더불어 우리의 커뮤니케이션 방법도 다양해졌습니다. 대표적인 것이 바로 '스마트폰과 SNS의 등장'일 것입니다. 이후 '인플루언서influencer'라는 새로운 직업까지 생기는 등 많은 사람들이 다양한 방법으로 '인맥을 관리'하는 데 힘을 쏟고 있습니다. 그만큼 이에 관련된 서적과 교육도 넘쳐나고 있습니다. 하지만 빛이 있으면 그림자도 있는 법입니다.

우리는 언제든지 쉽게 인맥을 만들 수 있고, 또 소통할 수 있으며 그만큼 인맥의 범위도 방대해졌습니다. 이 말을 달리하면 이렇게 쌓은 인맥은 '언제든지 모래성처럼 쉽게 무너질 수도 있는 관계'라는 의미이기도 합니다. 현대인 10명 중 7명은 인맥 관리에 피로감을 느낀다고 합니다. 일명 '관계의 권태기'인 '관태기'를 앓고 있는 것입니다. 어쩌면 다양하고 복잡

출처 jtbc4 〈인간이 왜 그래〉 방송 화면

하게 얽혀 있는 인간관계 속에서 살아가는 현대인에게 이제 인맥은 어쩌면 '힘'이 아니라 '고민'이 되어버린 건 아닐까요?

이런 인간관계에 대한 고민을 상담해주는 프로그램이 있었는데, 그것은 바로 jtbc4에서 방영되었던 〈인간이 왜 그래〉입니다. 이 프로그램은 복잡 미묘한 현대인의 인맥 상태를 진단하고 불필요한 인간관계를 끊어내는 방법을 제시해주는 신개념 인맥 진단 토크 버라이어티 프로그램이었습니다.

이 프로그램을 기획하던 방송 관계자는 출연진들이 어떤 성향을 가지고 있는지 실험 관찰 카메라를 통해서 분석을 해달라는 요청을 해왔습니다. 그래서 우리는 가수 토니안, 뮤지컬 배우 김호영, 개그맨 권혁수, 아이돌 스타 김남주, 장천 변호사 그리고 모델 정혁까지 이렇게 6명의 '관찰 카메라'를 통해 이들의 성향을 프로파일링 했습니다. 지금부터 이 6명의 행동을 프로파일링 한 내용을 소개해드리겠습니다!

출처 jtbc4 <인간이 왜 그래> 방송 화면

● "등장에서부터 알 수 있다!"
6명의 성향을 드러내는 첫 번째 프로파일링 단서

프로그램 제작을 위한 사전 미팅에 오게 된 6명의 패널들, 관찰 카메라를 통해 그들의 등장 모습만 보고 이들의 기질을 예측해볼 수 있습니다. 출연자들의 등장 모습은 크게 2가지로 구분할 수 있습니다. 하나는 거침없이 문을 열고 들어오는 사람들, 다른 하나는 주변을 살펴본 후 조심스럽게 문을 열고 들어오는 사람들입니다. 전자는 창조가 혹은 행동가 그리고 후자는 상담가 혹은 분석가일 확률이 높습니다. 왜냐하면 문을 여는 동작은 이들의 보디랭귀지가 직접적인지 간접적인지를 보여주는 축소판이기 때문입니다.

흥미롭게도 이 프로그램 출연자 6명의 패널이 문을 여는 모습은 정확히 반반으로 나누어집니다. 먼저 뮤지컬 배우 김호영, 개그맨 권혁수, 가수 토니안은 거침없이 문을 열고 안으로 직진하는 모습을 보였습니다. 따라서 이들은 창조가나 행동가, 둘 중 하나의 유형일 확률이 높습니다. 여기서 이들이 들어가는 모습을 좀 더 구체적으로 관찰해보면 이들이 창조가인지 행동가인지를 구별할 수는 단서가 되는 신체 부위가 하나 있습니다. 그것은 바로 '손'입니다.

자유롭고 한꺼번에 다양한 일을 하는 창조가들의 손은 늘 쉬지 않고 바쁘게 움직입니다. 이들은 미팅을 갈 때에도 자신의 영감을 언제든지 기록할 수 있는 노트나 자신만의 소품들을 가득 채울 수 있는 가방을 챙깁니다. 창조가들의 가방은 이들의 개성을 잘 나타내는 독특한 디자인의 그것

출처 jtbc4 〈인간이 왜 그래〉 방송 화면

일 것입니다. 또한 맥시멀리스트답게 많은 짐을 가득 담을 수 있는 편안한 '에코백' 종류의 가방일 것입니다. 뿐만 아니라 창조가 유형 사람들의 다른 한 손에는 이들의 뇌를 자극시켜줄 커피가 들려 있을 확률이 높습니다. 관찰 카메라에 담긴 뮤지컬 배우 김호영과 개그맨 권혁수는 이러한 창조가의 전형적인 모습을 한 채 미팅 장소로 들어옵니다.

반면 활동적이고 언제든지 움직일 준비가 되어 있는 행동가 유형은 이

출처 jtbc4 〈인간이 왜 그래〉 방송 화면

동할 때 무언가 들고 다니는 것을 별로 좋아하지 않습니다. 특히 비즈니스 미팅이라면 더욱 그렇습니다. 그들은 손에 무엇인가를 들고 다니는 것이 자신의 품격과 어울리지 않을 뿐만 아니라 매우 거추장스럽다고 느낍니다. 만약 이들에게 들 짐이 많다면 아마 자신의 자동차에 따로 놓아두고 대신 가벼운 브리프케이스 정도만 챙겨서 미팅 장소에 나타날 것입니다. 가수 토니안은 이러한 행동가의 모습을 잘 보여주고 있습니다. 그는 미팅 장소에 가장 먼저 도착해서 방의 이곳저곳을 살피고 거울을 통해 자신의 옷매무새를 가다듬는 모습을 보입니다. 이들은 비즈니스 미팅을 이끌어갈 준비를 미리 하고, 또 그 비즈니스 공간을 자신의 친숙한 영역으로 만들려고 합니다. 이러한 행동들은 행동가 유형의 결정적인 프로파일링 단서가 됩니다.

이제 반대로 조심스럽게 문을 열고 들어가는 나머지 3명의 패널을 살펴보겠습니다. 이들은 문을 열고 미팅 장소로 바로 들어가지 않고 조심

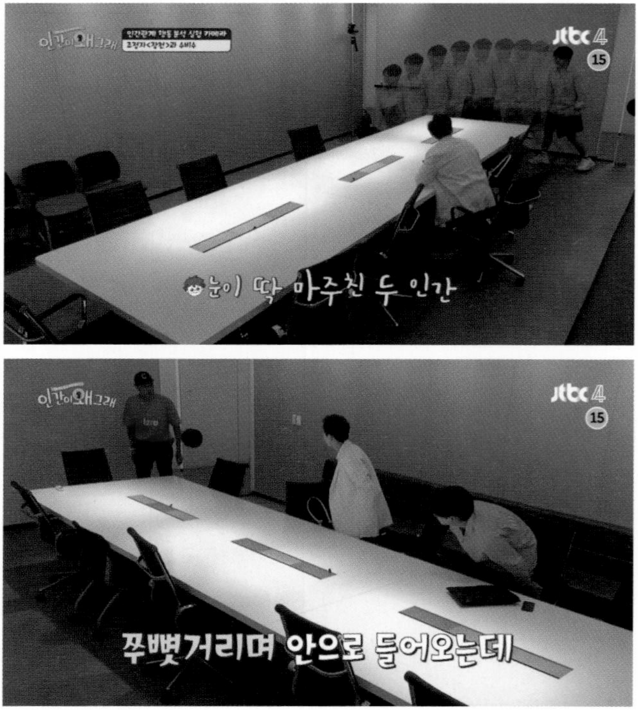

출처 jtbc4 〈인간이 왜 그래〉 방송 화면

스레 주변을 살핀 후 약속된 룸으로 들어갑니다. 이러한 행동은 상담가나 분석가, 둘 중 하나의 유형일 확률이 높은 프로파일링 단서입니다.

관찰 카메라를 자세히 분석한 결과, 이 3명의 패널 중 2명이 분석가, 다른 1명이 상담가 유형임을 확인할 수 있었습니다. 과연 이들 중 누가 상담가 유형이었을까요? 바로 가수 '에이핑크'의 남주가 상담가 유형이었습니다. 반면에 무표정으로 조심스레 주변을 살피고 경직된 걸음걸이로 들어가는 모델 정혁과 장천 변호사는 분석가 유형이었습니다. 먼저 들어와 앉

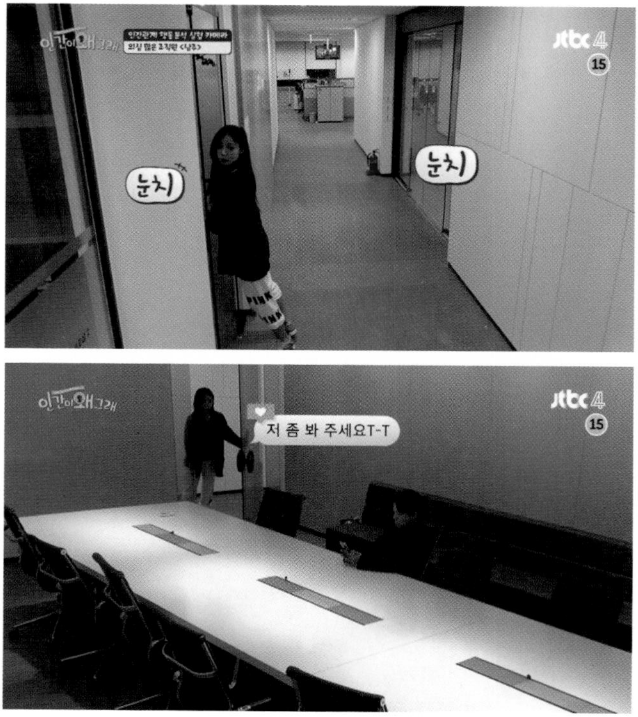

출처 jtbc4 〈인간이 왜 그래〉 방송 화면

아 있는 사람들로부터 거리를 두고 앉는 모델 정혁은 등장에서부터 단번에 분석가 유형임을 확인할 수 있습니다.

그렇다면 상담가 유형은 등장에서 다른 2명의 분석가 유형의 사람들과 어떤 차이점이 있을까요? 그녀는 문을 열고 '빼꼼' 고개를 내밀며 먼저 도착한 토니안을 발견하고 그가 자신을 알아볼 때까지 기다립니다. 마침내 토니안과 눈이 마주치자 그제야 그녀는 수줍은 미소를 보이며 미팅룸으로 들어갑니다. 즉, 상담가 유형은 '정서적 교감'을 위해 첫 만남부터 조심

출처 jtbc4 〈인간이 왜 그래〉 방송 화면

스레 상대방의 마음에 노크를 합니다. 바로 눈맞춤을 통해서 말이지요! 반면에 분석가 유형은 자신이 처해 있는 환경이 '안전'한지를 확인하기 위해 주변을 관찰합니다. 비록 이 두 행동들이 언뜻 보면 비슷해 보일지라도 그 동기는 전혀 다른 곳에 있습니다.

등장은 상대방의 기질을 보여주는 예고편이라 해도 과언이 아닐 것입니다. 앞으로 여러분이 비즈니스 미팅에 간다면 꼭 상대방이 등장하는 모습을 잘 관찰해볼 것을 권해드립니다. 등장하는 모습은 이들의 기질을 보여주는 첫 번째 단서가 될 수 있기 때문입니다!

● '대화에서 나타나는 이들의 프로파일링 단서' 6명의 패널 본격 분석!

분석 요청을 받았던 관찰 카메라 영상은 두 팀으로 나누어져 있었습니다. A팀은 가수 토니안과 남주, 개그맨 권혁수로 구성되어 있고, B팀은 뮤지컬 배우 김호영, 모델 정혁, 장천 변호사로 구성되어 있었습니다. 등장하는 모습 다음으로 프로파일링의 중요한 단서가 되는 것은 '커뮤니케이션 스타일'입니다. 사람들의 등장하는 모습을 통해서 '유형을 유추'했다면, 그들이 주고받는 '대화 방식'을 통해 좀 더 정확한 유형을 분석할 수 있습니다.

지금부터 팀별 대화에서 드러나는 패널들의 기질 유형을 보디랭귀지 단서를 통해 알아보도록 하겠습니다.

● 주거니 받거니 자연스러운 대화, 분위기 36.5도 A팀

A팀의 출연진들은 공통적으로 정서적 교감을 중요하게 생각하는 '상담가' 유형의 기질을 공유하고 있습니다. 그래서 서로 주거니 받거니 하면서 자연스럽게 대화가 이어지는 것을 볼 수 있었습니다. 지금부터는 가장 먼저 미팅 장소에 도착한 가수 토니안부터 남주, 개그맨 권혁수 순서대로 더 자세히 살펴보도록 하겠습니다.

부드러운 행동가, 가수 토니안

관찰 카메라에 비친 가수 토니안의 대표적인 보디랭귀지는 다음과 같습니다.

- 거침없이 공간을 둘러보는 모습
- 바쁘게 움직이는 모습
- 대화할 때 몸을 앞으로 기울이는 모습

프로그램 회의 장소에 가장 먼저 도착한 토니안은 거침없고 위풍당당하게 미팅 장소를 둘러봅니다. 지금 현재 진행 상황을 체크하기 위해 문을 열고 주변을 둘러보기도 하고, 거울을 보며 자신의 옷매무새를 체크하는 등 '미팅을 준비'하는 모습을 보입니다. '준비' 하면 떠오르는 것이 '분석가'이지만, 여기서 가수 토니안이 하는 '준비'는 2가지 측면에서 분석가의 그것과는 다릅니다.

첫 번째로 토니안은 조심스럽게 주변을 살피는 것이 아니라 개방적인 자세로 거침없이 주변을 둘러본다는 것입니다. 특히 토니안의 걸음걸이를 보면 한 마리의 수컷 사자를 연상케 하는 행동가 남성의 걸음걸이를 아주 잘 표현하고 있습니다. 두 번째로 '바쁘게 움직이는 모습'입니다. 그가 분석가 기질을 가지고 있었다면 아마 그는 차분한 모습으로 제자리에 앉아 미팅에 관련된 자료를 다시 한번 훑어보고 점검하였을 것입니다. 하지만 토니안은 아주 빠른 걸음걸이로 주변의 상황을 체크하고, 미팅룸의 거울을 통해 자신의 옷매무새를 다듬는 등 쉼 없이 바쁘게 움직이는 모습을 볼 수 있습니다. 그리고 이 모든 것을 마치고 난 뒤 그제야 비로소 자신의 자리에 앉습니다. 이는 '미팅을 준비'하는 것보다는 미팅을 위해 '주변 환경을 파악'하는 것으로 보입니다. 즉, 그가 하는 행동의 목적은 '일의 진행'과 '목표 달성'에 있는 것입니다. 행동가 기질의 사람들은 미팅 시 누구보다도 가장 먼저 도착하여 공간을 살피고, 미팅을 통해 이루고자 하는

출처 jtbc4 〈인간이 왜 그래〉 방송 화면

출처 jtbc4 〈인간이 왜 그래〉 방송 화면

자신의 목표 달성을 위해 미팅의 흐름을 점검합니다. 이러한 모습은 일종의 '사냥 의식'이라고 할 수 있습니다. 과거 우리 행동가 선조들이 '사냥'을 할 때 행했던 방식을 자신의 유전자에 담아 자신들과 똑같은 후손들에게 고스란히 넘겨주었기 때문입니다.

지금까지 행동으로만 보면 토니안은 전형적인 행동가 유형처럼 보입니다. 하지만 그가 '행동가' 기질의 모습만 보였던 것은 아니었습니다. 미팅 장소에 도착한 다른 출연자들과 대화를 주고받는 모습을 보면 그는 전형적인 행동가 기질의 사람들과는 조금은 다른 행동을 합니다.

위의 이미지를 보면 토니안은 출연자들 중 가장 연장자인 만큼 가수 남주와 개그맨 권혁수가 그를 중심으로 오른쪽과 왼쪽에 나누어 앉아 있는 모습을 볼 수 있습니다. 이때 그는 두 사람과의 대화를 자신이 이끌어가기 위해 몸을 앞으로 기울여 두 사람의 이야기를 경청하는 듯한 행동을 취합니다. 또 말을 하는 사람을 향해 몸의 방향도 틀어서 적극적으로 상

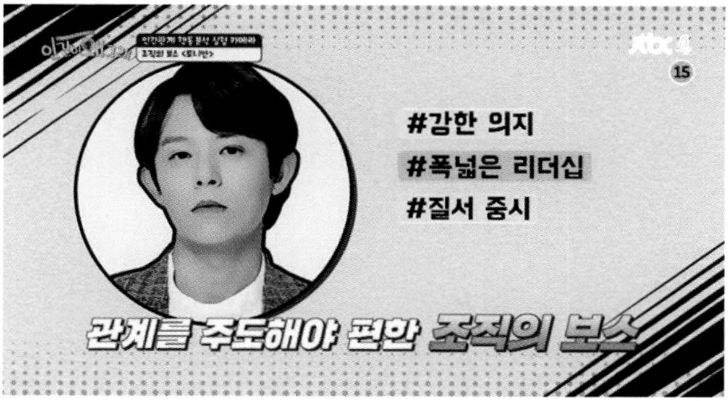

출처 jtbc4 〈인간이 왜 그래〉 방송 화면

대방의 말을 듣습니다. 만약에 토니안이 전형적인 행동가였다면 고개만 상대방을 향해 돌리지 절대 몸의 방향을 바꾸거나 몸을 앞으로 기울이는 행동을 하지는 않을 것입니다.

이러한 가수 토니안의 모습을 종합해보면, 그는 행동가 기질을 가지고 있지만 이를 보조하는 기질로 상담가 기질을 동시에 가지고 있다는 것을 알 수 있습니다. 그의 유형은 앞 장에서 소개한 16가지 유형 중 '선도자 kingpin'에 해당합니다. 쉽게 말해 그는 '부드러운 카리스마'를 가진 리더라고 볼 수 있습니다. 앞에서 소개한 〈식스센스〉 출연진 중 배우 오나라와 전소미도 토니안과 같은 선도자 유형입니다. 이들은 '결과를 만들어내기 위해 내 사람들과 함께 팀을 꾸리고 조직원들을 리드해가는 사람'인 것입니다.

문제를 해결하는 상담가, 가수 남주

관찰 카메라를 통해 확인된 가수 남주의 대표적인 보디랭귀지는 다음과 같습니다.

- 입을 가리는 수줍은 모습
- 다양한 표정을 곁들인 리액션과 스킨십
- 관찰 카메라를 의심하며 주변을 살피는 모습

프로그램 사전 미팅 장소에 두 번째로 도착한 가수 남주는 앞서 소개한 것처럼 등장부터 '상담가' 유형임이 강하게 드러났습니다. 선불리 미팅 장소 안으로 들어오지 못하고 어정쩡하게 서 있던 그녀에게 토니안이 들어오라고 하자 그제야 그녀는 조심스럽게 미팅룸으로 들어옵니다. 미팅룸 안에 들어선 그녀는 다른 앉을 자리도 있었지만 조심스럽게 토니안의 옆에 와서 앉았습니다. 이러한 자리 선정은 '정서적 소통'을 가장 중요시하는 상담가 유형의 프로파일링 단서가 됩니다. 자신의 몸을 토니안 쪽으로 기울인 채 대화를 이어가는 남주는 자연스럽게 '입을 가리는 행동'을 합니다. 이러한 모습에서 우리는 또 하나의 상담가 몸짓을 발견할 수 있었습니다.

'입 가리기' 행동은 어색한 만남이나 첫 만남에서 상담가 기질의 사람들이 주로 보이는 대표적인 보디랭귀지입니다. 상담가 유형은 어색하거나 수줍은 감정이 들 때, 혹은 어려운 윗사람을 만났을 때 이러한 행동을 합

출처 jtbc4 〈인간이 왜 그래〉 방송 화면

니다. 몸을 앞으로 기울인 채 대화를 하면서도 손으로 자신의 입을 가림으로써 상대방과 자신의 사이에 일종의 '방어막'을 형성합니다. 이 동작은 항상 상대방의 감정을 살피는 유형인 상담가 기질의 사람들이 다른 기질에 비해 자주 사용하는 동작입니다. 즉, 대화는 하고 싶은데 상대방이 어려울 때 이러한 행동을 합니다. 이러한 입 가리기와 같은 의미의 다른 행동으로는 '양손으로 컵 감싸고 대화하기'가 있습니다. 이러한 자세는 언뜻 보면 공손한 자세처럼 보이지만, 사실은 자신의 손과 팔로 자신의 몸을 방어하는 자세입니다. 만약 여러분과 대화 도중 상대방이 이러한 동작을 취하고 있다면 상대방이 대화에 좀 더 편안하게 임할 수 있도록 부드럽고 따뜻한 분위기를 만들어주는 게 좋습니다.

그 밖에 가수 남주가 보이는 행동에는 '리액션'과 '스킨십'이 있습니다. 그녀는 대화할 때 작고 부드러운 손짓을 자주 사용하고 상대방의 말에 리액션을 잘해줍니다. 특히 리액션을 할 때 그녀의 표정을 보면 그 표정 안

출처 jtbc4 〈인간이 왜 그래〉 방송 화면

에 다양한 감정을 담고 있다는 것을 발견할 수 있습니다. 또한 상대방의 팔뚝을 살짝 치는 등의 '스킨십'을 자연스럽게 하는 그녀의 행동을 보면 그녀가 상담가의 기질을 가지고 있다는 것에 의심의 여지가 없었습니다. 이를 종합해보면 가수 남주의 대표 유형은 '상담가'임을 알 수 있습니다. 그러나 그녀가 보여준 다른 모습들, 즉 '주변을 조심스럽게 살피는 모습'이나 '관찰 카메라가 있는지를 확인하는 행동'들은 그녀가 전형적인 상담가 유형은 아니라는 것을 보여줍니다.

출처 jtbc4 〈인간이 왜 그래〉 방송 화면

그녀는 주변에 달려 있는 카메라를 발견하고 조심스레 주변을 살피며 "몰래카메라 아니야?"라고 의심을 합니다. 이는 '문제를 확인'하고 이에 대한 '해결 방법'을 찾기 위한 행동으로 '행동가' 기질의 행동 특성입니다. 이러한 사실을 감안해보면 그녀는 보조 유형으로 '행동가' 기질을 가지고 있다는 것을 유추할 수 있습니다. 만약 그녀가 전형적인 상담가 유형이었다면 그러한 정보를 무시하거나 관심을 갖지 않고 오로지 사람들과의 대화에만 집중했을 것입니다.

가수 남주의 행동을 종합해보면 16가지 유형 중 '대변인spokesman' 유형이라고 판단됩니다. 대변인 유형의 사람들은 '자신의 사람들과 함께 결과를 만들어가는 사람'입니다. 특히 이 유형은 앞서 '결과를 만들어가기 위해 내 사람들을 이끄는 사람'인 토니안의 '선도자kingpin' 유형의 '그림자 유형shadow type'입니다. 여기서 그림자 유형이란 두 사람이 공통된 2가지 유형을 함께 가지고 있을 때 그들의 '대표 기질'과 '보조 기질'을 반대로 가지고 있는 관계를 의미합니다. 이 그림자 유형은 같은 2가지 기질을 공유하고 있기 때문에 서로의 '케미'가 잘 맞고 시너지를 발휘할 수 있는 관계입니다. 결국 가수 남주와 토니안이 친한 사이라면 이들은 뒤에서 밀어주고 앞에서 끌어주는 아주 좋은 시너지를 발휘할 것입니다.

사교적인 창조가, 개그맨 권혁수

관찰 카메라를 분석한 결과, 개그맨 권혁수의 대표적인 보디랭귀지는 다음과 같습니다.

- 크고 다양한 보디랭귀지
- 빠르고 음색이 다양한 목소리 톤과 재치 있는 표현
- 몸 앞으로 기울이기와 손바닥 펼쳐 보이기

사전 모임 장소에 세 번째로 도착한 개그맨 권혁수는 개방적인 자세로 활기차게 등장합니다. 그리고 바로 먼저 도착한 두 사람에게 큰 목소리로 "안녕하세요, 안녕하세요, 안녕하세요." 하며 세 번 반복해서 인사를 건넵니다. 이 모습은 창조가 유형임을 단번에 알아차릴 수 있는 프로파일링 단서입니다. 인간의 대표적인 4가지 기질 중 크고 빠르며 다양한 음색을 가진 유형은 창조가밖에 없기 때문입니다. 이는 그들의 보디랭귀지와도 곧바로 연결됩니다. 이러한 목소리로 말을 하면 자연스레 거기에 맞춰 손동작 역시 크고 빨라지게 마련이기 때문입니다.

개그맨 권혁수는 두 사람과의 대화 내내 크고 빠르며, 다양한 손동작을

출처 jtbc4 〈인간이 왜 그래〉 방송 화면

통해 자신의 이야기를 이어갑니다. 여기서 '큰 보디랭귀지'라는 것은 손동작을 몸통 밖까지 크게 사용한다는 것을 의미합니다. 행동가 역시 큰 보디랭귀지를 주로 쓰지만 그들은 선이 굵고 강하게 사용합니다. 그리고 많은 빈도로 사용하지 않기 때문에 다른 동작과 연결되는 경우는 많지 않습니다. 하지만 창조가들은 말하는 내내 보디랭귀지를 사용해서 자신의 생각을 표현합니다. 그리고 자신의 말이 끝나기 전까지 쉴 사이 없이 사용하며, 그 동작은 크지만 매우 자연스럽습니다. 반면에 상담가나 분석가의

출처 jtbc4 〈인간이 왜 그래〉 방송 화면

경우에는 보디랭귀지가 자신의 몸통 안에서 이루어집니다. 만약 누군가와 대화를 할 때 상대방의 손짓이 몸통 밖으로 나가느냐 몸통 안에서 이루어지느냐, 그리고 동작이 끊어지느냐 연결되느냐 이 2가지만 잘 관찰해봐도 사람들의 유형을 보다 쉽게 프로파일링 할 수 있을 것입니다.

개그맨 권혁수가 그다음으로 자주 사용하는 보디랭귀지는 바로 '손바닥 펼쳐 보이기'입니다. 이는 상담가 유형의 대표 보디랭귀지이기 때문에 그의 보조 유형이 '상담가'임을 프로파일링 할 수 있는 단서가 됩니다. 앞에서 설명했듯이 몸을 기울이고 손바닥을 펼쳐 보이며 이야기하는 동작은 '나는 당신에게 열려 있어요.'라는 의미를 담고 있습니다. 개그맨 권혁수는 이 동작을 통해 함께 대화하고 있는 가수 토니안과 남주에 대해 적극적인 관심을 표현합니다. 물론 그의 대표 기질이 창조가이기 때문에 이러한 동작 역시 전형적인 상담가 기질보다 더 크고 분명합니다.

모든 행동들을 종합해보면 개그맨 권혁수는 '안내자sherpa', 즉 '사교적인

출처 jtbc4 〈인간이 왜 그래〉 방송 화면

창조가'입니다. 안내자 유형의 사람들은 '창의적이고 재미있는 자신의 아이디어를 함께하는 사람들과 공유하는 사람'입니다. 이들은 창의적이면서도 동시에 사람에 대한 관심도 많아서 다른 사람을 잘 모방하는 재능을 가지고 있습니다. 개그맨 권혁수의 이름을 널리 알렸던 프로그램은 tvN의 라이브쇼 〈SNL〉입니다. 그는 이 프로그램에서 '나문희 여사의 호박고구마 그리고 '그리스-로마 신화' 등을 통해 자신의 탁월한 패러디 능력을 보여주었습니다. 그가 많은 사람들에게 재미와 공감으로 인기를 끌었던 비결은 이같이 사람들의 독특한 특징을 잘 집어내고, 이를 자신만의 창의적인 방법으로 잘 표현할 수 있는 기질을 가졌기 때문일 것입니다!

● 온탕과 냉탕 사이, 2가지 유형으로 나뉘는 B팀

관찰 카메라 분석 결과, B팀의 뮤지컬 배우 김호영은 창조가 그리고 장천 변호사와 모델 정혁은 분석가 기질을 대표 기질로 가지고 있었습니다.

B팀은 A팀과 달리 서로 정반대의 유형들로 구성되어 있었습니다. 그래서 뮤지컬 배우 김호영이 대화를 주도적으로 이끌어가고 이에 장천 변호사와 모델 정혁이 따라가는 모습을 볼 수 있었습니다. 지금부터는 A팀과는 또 다른 분위기를 보여주었던 B팀의 패널들을 좀 더 자세히 살펴보도록 하겠습니다.

창조가 끝판왕, 뮤지컬 배우 김호영

등장부터 독특한 의상과 가방으로 시선을 끌었던 뮤지컬 배우 김호영의 대표적인 보디랭귀지는 다음과 같습니다.

- 혼자만의 시간을 즐기는 모습
- 크고 다양한 보디랭귀지와 빠르고 다양한 음색
- 침묵을 불편해하는 모습

출처 jtbc4 〈인간이 왜 그래〉 방송 화면

B팀 중 가장 먼저 도착한 뮤지컬 배우 김호영은 미팅룸의 여기저기를 탐색한 A팀의 가수 토니안과 달리 바로 책상 앞에 앉아 휴대폰을 꺼내 SNS를 보고 입술 보호제를 발랐습니다. 이러한 그의 행동 중심에는 바로 '나'가 있습니다.

즉, 가수 토니안이 '미팅을 준비'하는 것에 목적을 두었다면, 뮤지컬 배우 김호영은 '나를 위한 시간'을 보내는 것입니다. 이는 창조가 기질을 대표하는 중요한 프로파일링 단서입니다. 창조가 유형의 사람들은 세상을 바라보는 중심이 바로 '나'에 있기 때문에 자신에게 여유로운 시간이 있다면 자신이 재미있어하는 것이나 흥미로운 것들을 찾아 시간을 보냅니다. 혼자서도 잘 논다는 뜻을 가진 신조어 '혼잘러'는 바로 창조가를 두고 하는 말일지도 모릅니다. 그는 등장하는 모습부터 여유 시간을 보내는 모습까지 창조가 기질을 잘 보여주고 있었습니다. 특히 다른 사람들과 대화할 때 그의 창조가 기질은 꽃을 피웁니다.

출처 jtbc4 〈인간이 왜 그래〉 방송 화면

뮤지컬 배우 김호영은 두 번째로 도착한 장천 변호사가 들어오자 홍겹게 반겨줍니다. 그리고 그는 장천 변호사가 자리에 앉자마자 숨 돌릴 틈도 주지 않고 바로 말을 겁니다. 그날 처음 본 사이임에도 불구하고 그는 전혀 거리낌이 없습니다. 이러한 모습은 사교적인 상담가의 모습과도 비슷합니다. 하지만 상담가의 경우 '사람을 편안하게' 만들어줌으로써 상대방이 먼저 말을 하게 만들고 자신은 주로 그들의 말을 잘 들어줍니다. 반면에 창조가는 호기심이 많아 처음 만난 사람에게도 거리낌 없이 말을 건넵니다. 하지만 상대방과의 정서적 교감보다는 '내가 궁금한 것, 내가 흥미로운 것'에 대한 이야기를 꺼내며 대화를 이끌어갑니다.

또한 창조가 유형의 사람들은 지루하거나 어색한 것을 끔찍하게 싫어하기 때문에 '침묵' 자체를 참지 못합니다. 늘 새로운 자극을 추구하는 창조가 유형의 사람들은 대화 도중 갑자기 찾아오는 정적에 매우 불편함을 느낍니다. 그래서 침묵이 생기지 않도록 자신이 끊임없이 이야기를 주도

출처 jtbc4 〈인간이 왜 그래〉 방송 화면

해나갑니다. 뮤지컬 배우 김호영 역시 장천 변호사와 대화 도중 잠깐의 침묵이 흐르자 10초도 안 되는 짧은 사이에 화젯거리를 바꿔서 이야기를 다시 이어나갔습니다. 만약 여러분 주변에 누군가 침묵을 참지 못하고 끊임없이 이야기를 건넨다면 그 사람은 창조가 기질일 확률이 높습니다!

이러한 행동들을 종합해보면 뮤지컬 배우 김호영은 창조가 기질의 교과서라고 할 수 있습니다. 그를 타고난 '크리에이터'라고 표현해도 무리는 아닐 것입니다. 그가 출연한 다른 프로그램을 보더라도 자신의 창조가 기질을 잘 보여줍니다. 연예인들의 일상을 보여주는 MBC 프로그램 〈나 혼자 산다〉에서 그는 전형적인 창조가 유형의 삶을 그대로 보여줍니다. 창조가들의 일상이 궁금하다면 〈나 혼자 산다〉의 김호영 편에서 확인해보세요. 자신의 아이디어를 펼쳐나가는 창조가들의 삶을 만끽할 수 있을 것입니다!

출처 jtbc4 〈인간이 왜 그래〉 방송 화면

부드러운 분석가, 장천 변호사

관찰 카메라에 담긴 장천 변호사의 대표적인 보디랭귀지는 다음과 같습니다.

- 상대방에 호흡을 맞추는 행동
- 차분한 리액션
- 반대편을 향해 있는 몸의 방향

미팅 장소에 뮤지컬 배우 김호영에 이어 두 번째로 도착한 장천 변호사의 몸의 방향은 김호영의 반대편을 향하고 있었습니다. 하지만 배우 김호영이 자신을 반갑게 맞이하자 이내 몸을 돌려 그쪽으로 방향을 바꿔 그의 옆에 앉습니다. 그는 배우 김호영의 이야기를 잘 들어줍니다. 그러면서 최대한 그와 호흡을 맞추기 위해 그의 동작을 따라 하는 등의 노력을

출처 jtbc4 〈인간이 왜 그래〉 방송 화면

보입니다. 이는 장천 변호사가 분석가와 상담가 기질을 동시에 가지고 있다는 것을 보여주는 프로파일링 단서들입니다. 보통 분석가 기질의 사람들은 다른 사람과의 첫 만남에 거리를 두고 앉으려는 경향이 있습니다. 장천 변호사 역시 처음 미팅 장소에 들어설 때에는 뮤지컬 배우 김호영과 떨어진 자리에 앉으려고 했습니다. 하지만 그가 자신을 반갑게 맞아주자 이내 그의 옆으로 다가가 그를 잘 관찰하고 그에게 맞추는 모습을 보입니다. 또한 소위 상대방의 행동을 따라 하는 '미러링mirroring'을 하면서 그와 친밀감을 형성하려는 장천 변호사의 모습은 그가 상담가 기질도 같이 가지고 있다는 것을 보여줍니다.

장천 변호사는 상담가의 전형적인 모습과도, 분석가의 전형적인 모습과도 조금 거리가 있습니다. 이런 경우에는 2가지 기질을 모두 가지고 있다고 보아야 합니다. 이때 주요 기질이 무엇인가를 판단하는 방법은, 그 사람이 어떤 기질의 모습을 더 많이 그리고 더 강하게 보여주고 있는지 살피는

출처 jtbc4 〈인간이 왜 그래〉 방송 화면

것입니다. 이것을 염두에 두고 장천 변호사의 행동을 좀 더 자세히 살펴보도록 하겠습니다.

그는 상대방에 호흡을 맞추며 이야기를 듣는 모습을 보였는데, 이것은 상담가 기질의 프로파일링 단서에 해당됩니다. 하지만 그가 전형적인 상담가 유형이라고 느껴지지 않는 데에는 2가지 이유가 있습니다.

첫 번째로는 그가 뮤지컬 배우 김호영과 호흡을 잘 맞추며 친밀감을 형성하려고는 하나 몸의 방향은 그쪽이 아닌 자신의 정면을 향하고 있다는 것입니다. 두 번째로 그의 목소리가 부드럽다기보다는 차분한 목소리였

출처 jtbc4 〈인간이 왜 그래〉 방송 화면

다는 것입니다. 실질적으로 뮤지컬 배우 김호영을 '미러링' 하는 것 말고는 자신만의 보디랭귀지를 전혀 보여주지 않은 것입니다. 그가 등장하는 모습과 위의 2가지 단서를 취합해볼 때 장천 변호사는 '분석가' 기질을 대표 기질로 가지고 있다고 판단하였습니다.

실제 방송에서 이 관찰 카메라 분석 결과를 본 장천 변호사는 놀라움을 금치 못했습니다. 그는 실제로 자신이 낯을 많이 가리는데 사람들과 좀 더 친해지고 싶어서 의식적으로 상대방의 행동을 따라 하는 '미러링'을 실천하고 있다는 말로 촬영 당시의 심정을 털어놓았습니다. 이 말들을 종합해보면 그의 주요 기질은 분석가 기질이 틀림없어 보입니다. 또한 '사람들과의 정서적 교감'을 위해 노력하는 모습을 보이는 것은 그의 보조 유형이 '사람 중심'인 '상담가' 기질임을 알 수 있습니다. 만약 그가 전형적인 분석가 기질의 사람이었다면 다른 사람들과 함께하려는 노력 자체의 필요성을 느끼지 못했을 것입니다.

출처 jtbc4 〈인간이 왜 그래〉 방송 화면

이러한 단서들을 모두 종합해본다면 장천 변호사는 '조정자coordinator', 즉 '부드러운 분석가'임을 알 수 있습니다. 장천 변호사가 '부드러운 분석가' 기질을 보여주었던 것은 '관찰 카메라'뿐만이 아닙니다. 과거 많은 사랑을 받았던 채널A의 연애 프로그램 〈하트시그널1〉에서도 그의 기질이 아주 잘 드러납니다. 그 프로그램은 처음 만난 남녀가 함께 한 공간에 합숙하며 '썸을 타는' 관찰 예능 프로그램입니다. 만약 '부드러운 분석가' 유형이 궁금하다면 〈하트시그널1〉의 장천 변호사를 잘 관찰해볼 것을 권합니다. 뿐만 아니라 장천 변호사 외에 다른 출연자들도 어떤 유형인지 관찰하며 시청한다면 그 재미는 배가 될 것입니다!

전형적인 분석가, 모델 정혁

마지막으로 모델 정혁을 프로파일링 한 내용을 소개하겠습니다. 관찰 카메라에서 보인 그의 대표적인 보디랭귀지는 다음과 같습니다.

- 거리 두고 앉기
- 손바닥 보이지 않기
- 다리 잠그기

B팀에서 마지막으로 모임 장소에 들어온 모델 정혁은 아주 조심스럽게 문을 열고 등장했습니다. 그 이후 보이는 그의 행동을 보면 그가 분석가 기질임을 단번에 확인할 수 있는 프로파일링 단서가 하나 있습니다. 바로 '거리 두고 앉기'입니다. 분석가 기질의 사람들은 다른 사람과 만날

출처 jtbc4 〈인간이 왜 그래〉 방송 화면

때 어느 정도 거리를 두고 앉는데, 특히 그것이 첫 만남이라면 더더욱 그러합니다. 위의 이미지를 주의 깊게 살펴보면 미팅룸의 문을 열고 들어올 때부터 이미 그의 몸이 반대 방향을 향해 있다는 것을 알 수 있습니다. 이런 몸의 방향만 봐도 그가 의자의 어디에 앉을지 예측하기 쉽습니다.

방으로 들어온 모델 정혁은 미리 와 있던 뮤지컬 배우 김호영과 장천 변호사의 반대편 자리로 향합니다. 그는 약간 주저하는 모습을 보이다가 서서히 그들의 반대편으로 걸어가며 인사를 나눈 후 비로소 자리에 앉았습니다. 이 역시 예의를 중시하는 분석가 기질에서 나오는 행동입니다. 하지만 이 모습만을 가지고 섣불리 '분석가' 기질이라고 단정 지을 수는 없습니다. 더 확실한 유형 프로파일링을 위해 그가 다른 사람들과 대화를 나누는 모습을 좀 더 관찰해보았습니다.

모델 정혁은 대화를 나눌 때 말수도 적고 움직임도 거의 보이지 않습니다. 그리고 보이는 모델 정혁의 모습 중 그가 전형적인 분석가 기질을 가

출처 jtbc4 〈인간이 왜 그래〉 방송 화면

지고 있음을 확신할 수 있는 것이 하나 더 있었습니다. 그것은 바로 그의 자세를 보면 알 수 있습니다. 모델 정혁은 자신의 손을 책상 밑으로 숨겨서 손바닥이 보이지 않는 자세를 취하고 앉아 있었습니다. 만약 그가 행동가 기질을 가지고 있었다면 자신의 손을 책상 위에 올려놓았을 것입니다. 또한 그 만남에 불편함을 느꼈다면 손을 숨기는 대신 자신의 손을 깍지 끼거나 첨탑 자세를 취했을 것입니다. 하지만 분석가 기질의 사람들은 보통 책상 밑으로 자신의 손바닥을 숨겨 확실하게 자신의 개인적인 정보나 감정을 드러내지 않으려고 합니다. 물론 여기서 숨긴다는 표현은 상대방을 속이기 위함이 아니라 혹시 모를 위험에 대비하는 분석가 기질의 본능에서 나오는 행동을 의미합니다.

나아가 다른 각도의 카메라로 보면 그가 자신의 다리를 의자 다리 쪽으로 당긴 채 '발목을 가로 맞대어' 잠근 상태를 유지하며 다른 두 사람의 이야기를 듣고 있다는 것을 확인할 수 있습니다. 그가 취하고 있는 이러

출처 jtbc4 〈인간이 왜 그래〉 방송 화면

한 자세는 완벽히 자신의 몸을 방어하는 분석가 기질의 전형적인 자세입니다.

이러한 행동들을 종합해보면 모델 정혁은 조심스러운 성격을 가진 분석가 기질의 사람입니다. 몸은 앞으로 기울였지만 손으로 입을 가리는 가수 남주 그리고 몸을 앞으로 기울여 상대방의 이야기를 듣고는 있으나 몸의 방향은 앞을 향하고 있던 장천 변호사의 모습과 그가 앉아서 다른 사람들의 이야기를 듣는 모습을 비교해보면 그 차이를 구별하기 용이할 것입니다.

만약 여러분이 분석가 기질의 사람들을 만났다면 처음부터 무리해서 이들과 가까워지려는 시도를 하지 말 것을 권합니다. 그 대신 충분히 시간을 두고 예의 바른 모습을 보이면서 그들에게 '신뢰'를 얻어야 합니다. 일단 그들에게 신뢰를 얻었다면 분석가 기질의 사람들 역시 열린 마음으로 여러분에게 따뜻한 모습을 보일 것입니다. 어쩌면 소소한 일상들을 이

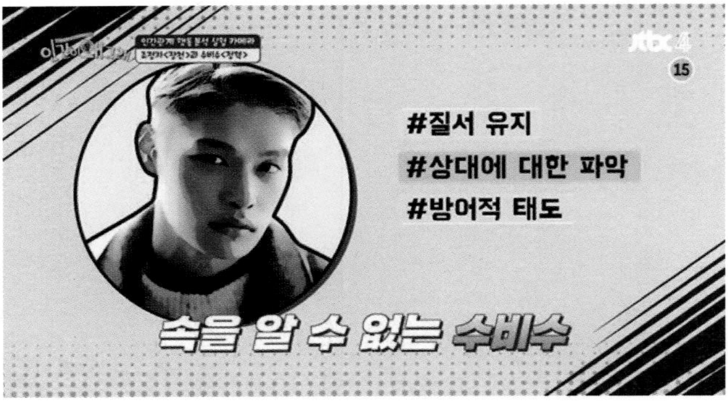

출처 jtbc4 〈인간이 왜 그래〉 방송 화면

야기하는 모습에 '이렇게 말이 많은 사람이었나?'라며 분석가 기질의 새로운 면을 발견할지도 모릅니다!

지금까지 관찰 카메라를 통해 출연자 6명의 기질을 프로파일링 해보았습니다. 대부분의 사람들은 기질을 혼합해서 쓰기 마련입니다. 따라서 프로파일링 하려는 사람들을 대표 기질과 보조 기질로 나누어 파악하는 것이 가장 중요합니다. 이때 프로파일링을 잘할 수 있는 한 가지 팁을 알려드리겠습니다. 그것은 바로 처음부터 '어떤 유형일까?'로 접근할 것이 아니라 '이 유형은 아니다'라는 식의 방법으로 프로파일링을 하는 것입니다. 그렇게 2가지 유형이 남을 때까지 하나씩 제외해나가면 됩니다. 마지막으로 남은 2가지 유형 중 프로파일링 대상자가 어떤 유형의 모습을 주로 더 보이는지에 따라 대표 기질과 보조 기질로 나눈다면 여러분은 더 쉽고 정확하게 상대방의 기질을 파악할 수 있을 것입니다!

출처 jtbc4 〈인간이 왜 그래〉 방송 화면

I CAN READ YOU

미국과 북한의 정상, 트럼프와 김정은 성향 분석

캐나다 출신의 유명 영화감독 드니 빌네브Denis Villeneuve 감독의 영화 〈컨택트Contact〉는 과학 소설가 테드 창Ted Chang의 소설 《당신 인생의 이야기》를 원작으로 한 SF 영화입니다. 영화의 내용을 간략하게 소개하면 다음과 같습니다.

어느 날 갑자기 알 수 없는 외계 우주선이 미국을 비롯한 12개 국가의 세계 주요 도시에 나타납니다. 해당 국가들은 언어학자와 과학자를 통해 외계 우주선과 접촉하며 서로의 정보들을 공유합니다. 이 과정에서 전 세계가 알고 싶은 것은 딱 하나입니다. '왜 그들이 지구를 찾아왔는가'입니다. 처음에는 모든 나라가 서로의 정보를 공유하며 협심하는 모습을 보입니다. 그러나 시간이 지나갈수록 중국을 비롯해 많은 나라들이 서서히 다른 나라와의 정보 교류를 단절하기 시작합니다. 다른 나라에 제공한 정보만큼 자신들이 잃는 것이 생긴다고 생각했기 때문입니다. 하지만 주인공인 언어학자 루이스Louise, 에이미 아담스 분는 외계 우주선이 지구에 온 목적을 알아내기 위해서는 서로의 소통이 반드시 필요하다는 것을 깨닫게 됩니다. 즉, A가 무엇인가를 제공해서 B가 그 정보를 얻게 되고, A 역시 B로 인해 정보를 얻게 되는 '논제로섬 게임Non-Zero Sum Game'을 하는 것이야말로 그들이 지구에 온 이유에 대한 해답을 찾을 수 있다고 믿습니다.

여기서 제시한 '논제로섬 게임'은 한쪽의 이익과 다른 쪽의 손실을 합했을 때 제로가 되지 않는 현상을 일컫는 게임 이론에서 사용되는 용어입니다. 실제로 이 용어는 국가와 국가의 관계로 구성되는 국제정치의 장에서 문제되는 것으로, 한쪽 나라의 이익이 다른 쪽 나라의 손해가 되는 경우가 이에 해당됩니다. 현실 사회에서는 플러스 마이너스 '0'이 되는 '제로섬zero-sum' 상황보다는 '0'이 되지 않을 상황이 더 많이 존재하는 것이 사실입니다. 즉, 양측의 손과 실을 합쳐 플러스가 될 수도 있고, 손과 실을 합쳤을 때 마이너스가 될 수도 있는 그런 상황이 더 현실적이라고 할 수 있는 것입니다.

바로 이런 논제로섬 게임을 보여주었던 국제적 이벤트가 있었으니, 그것은 바로 '남북미 정상회담'입니다. 남한과 북한 그리고 미국은 종전선언을 이끌어내고 남북 경제협력 교류를 다시 시작해서 한반도의 평화와 번영을 가져오기 위한 회담을 진행하였습니다. 이 과정 속에서 남북미의 정상들은 숨 가쁘게 자신들이 +가 되는 게임을 만들기 위해 치열한 두뇌 싸움을 벌였습니다. 분명 세 국가 모두가 +가 될 수 있었음에도 불구하고,

출처 〈KBS 스페셜〉 김정은의 두 얼굴 방송 화면

결국은 자신의 국가만이 +가 되기를 원하는 동상이몽 속에서 제로섬 게임으로 끝나버렸습니다. 이러한 이상과 현실의 괴리는 어쩌면 국가 정상들의 기질을 분석하고 비교해보면 예상 가능한 것이었을지도 모릅니다.

● 권위적이거나 자유분방하거나, 김정은의 두 얼굴

〈KBS 스페셜〉 '김정은의 두 얼굴'이 방영된 후 실제 김정은이 어떤 기질을 가지고 있는지 확인할 기회가 곧 찾아왔습니다. 바로 판문점에서 '남북 정상회담'이 열렸기 때문입니다. 2018년 4월 27일, 그날 바야흐로 한반도는 봄, 잊지 않고 찾아와준 고마운 봄날이 벼락같이 우리에게 다가왔습니다. 그날 남과 북은 물론 전 세계의 눈이 단 한 곳 바로 판문점으로 향했습니다. 이에 맞추어 국내는 물론 전 세계 방송국에서 취재진을 한국으로 급하게 파견했습니다. 실제로 그날 한국의 '메인 프레스센터MPC'는 국내외 합쳐 약 3,000명에 육박하는 기자들로 장사진을 이루었습니다. 국내 방송국들도 취재 경쟁이 뜨거웠고, 관련된 특별 프로그램을 제작하기에 여념이 없었습니다.

당시 SBS에서는 '6개의 봄'이라는 제목의 특별 프로그램을 기획하고 있었습니다. 한마디로 6명의 각기 다른 나이와 직업을 가진 사람들의 눈으로 본 남북 정상회담을 담아내는 프로그램이었습니다. 그중 우리는 세 번째 봄, 즉 행동 분석 전문가 편에 출연하게 되었습니다. 우리는 정상회담에서 보이는 김정은 위원장과 문재인 대통령의 말, 몸짓, 태도에 숨겨진 의미와 의도를 찾아냈습니다. 판문점 회담이 성공적으로 끝난 후 남북미 관계는 더욱 급박하게 움직이기 시작했습니다. 그런 변화에 맞추어 우리 역시 수많은 방송 프로그램에 출연해 그 과정 과정에서 보이는 정상들의 행동을 분석했습니다.

지금부터는 우리가 출연했던 프로그램을 종합해서 남북미 정상들 중 북한의 김정은 위원장과 미국의 트럼프 대통령의 행동을 분석한 내용과 그에 따른 두 나라 리더들의 기질 분석에 대한 결과를 소개하겠습니다. 문재인 대통령을 프로파일링에서 제외한 특별한 이유는 없습니다. 다만 트럼프 전 대통령과 김정은 위원장은 전혀 다른 기질을 가지고 있는 듯 보이나, 그 이면에는 서로 비슷한 기질을 가지고 있어서 두 사람의 기질 특성을 비교 분석할 때 이해하기가 더 쉬울 거라고 생각했기 때문입니다.

우선 김정은 위원장의 과거 영상과 남북미 정상회담 과정에서 보였던 그의 행동들을 종합해보면 그의 대표적인 보디랭귀지는 다음과 같습니다.

- 뒷짐 지기
- 손을 많이 씀
- 손가락 포인팅을 자주 함
- 대화할 때 표정 변화가 다양함
- 턱을 든 채 말하기

김정은 위원장의 행동은 크게 2가지로 구분할 수 있습니다. 이들 중 '뒷짐 지기, 손가락 포인팅, 말할 때 턱 들기'는 행동가 기질을 가지고 있는 사람들의 전형적인 행동 패턴입니다. 다른 하나는 '손을 많이 쓰는 행동과 대화 시 다양한 표정 변화'인데, 이것은 바로 창조가 유형 사람들의 행동 패턴입니다. 지금부터는 그의 대표적인 보디랭귀지 중 행동가의 보디랭귀지를 구체적으로 살펴보겠습니다.

김정은 위원장이 가장 많이 보이는 보디랭귀지 중 하나는 바로 '뒷짐 지기'입니다. 그는 걸을 때 뒷짐을 지고 걷는 경우가 대부분입니다. 이 뒷짐 지는 행동은 자신감이나 권위를 표시하는 전형적인 자세입니다. 이 행동의 기본적인 의미는 자신의 몸통을 드러냄으로써 무의식적으로 자신이 두려워하는 것이 없음을 드러내는 자세입니다. 이것은 자신감이나 우월감을 나타내는 전형적인 자세입니다.

뒷짐 지기와 함께 김정은 위원장이 자주 쓰는 보디랭귀지는 '손가락으로 가리키기'입니다. 그는 자신이 무엇인가를 지시할 때나, 상대방을 질타할 때 손가락으로 가리키는 행동을 합니다. 여기서 손가락은 행동심리 측면에서 보면 '총이나 칼' 등을 상징한다고 할 수 있습니다. 따라서 사람을 손가락으로 가리키는 행동은 상대방에게 공격적인 느낌을 전하게 되고, 가리키는 대상이 되는 사람은 그러한 행동을 자신에 대한 비난과 위협으로 느끼게 됩니다.

김정은 위원장이 행동가로서 자주 보이는 마지막 행동은 바로 '턱 들기' 입니다. 그는 보고를 받을 때 거의 대부분 턱을 들고 있습니다. 이같이 턱을 드는 것은 인간의 생명과 가장 직결된 부위를 스스로 노출하는 행동입니다. 이것은 일반적으로 자신의 우월성을 나타내고 싶을 때나, 상대방을

출처 〈KBS 스페셜〉 김정은의 두 얼굴 방송 화면

경멸할 때 보이는 행동입니다.

김정은 위원장의 행동을 분석해보면 그가 하는 행동의 대부분은 행동가 기질의 사람들 사이에서 나타나는 것들입니다. 하지만 간혹 그는 창조가 기질의 사람들이 보이는 행동들도 보입니다. 그것은 바로 '다양한 손짓'과 '표정 변화'입니다. 김정은 위원장이 기분이 좋아 누군가와 대화를 할 때에는 평소보다 손짓을 많이 사용하는 편이고, 환한 미소와 함께 다양한 표정을 짓습니다. 이 2가지는 '설명적 몸짓'의 대표적인 행동들입니다.

출처 〈KBS 스페셜〉 김정은의 두 얼굴 방송 화면

자신의 의견을 상대방에게 전달할 때 나타나는 보디랭귀지는 크게 '주장, 설득, 호소'로 나뉩니다. 김정은 위원장의 경우 '설득'을 위한 설명적 몸짓이 많으며, 주로 대화를 할 때 이 설명적 몸짓을 사용합니다. 빠르고 활발한 제스처가 대표적인 설명적 몸짓이며, 이러한 행동은 높낮이와 리듬이 다양하고 빠른 말이나 목소리와 함께 나타납니다. 그 밖의 설명적 몸짓으로는 '다양한 얼굴 표정'과 '눈맞춤'을 하는 행동과 요점을 강조할 때 '몸을 앞으로 기울이는 행동' 그리고 '손바닥을 보이게 하는 행동' 등이 있습니다.

이와 같이 김정은 위원장의 행동들을 종합해볼 때 김정은 국무위원장은 지배적인 성향이 강한 '행동가'의 보디랭귀지를 주로 사용합니다. 특히 권력이 불안정했던 초창기보다 권력 안정기에 접어든 이후부터는 이러한 지배적 보디랭귀지가 더 강하게 나타났습니다. 그러나 그의 전체적인 보디랭귀지를 살펴보면 전형적인 행동가 유형의 사람으로 볼 수는 없습니다. 그는 대화할 때 설명적 몸짓이 많은데 이것은 '창조가'의 표현 방식입니다. 따라서 김정은 위원장은 앞 장에서 살펴본 것처럼 행동가와 창조가의 복합 유형인 '혁명가innovator' 유형으로 판단됩니다.

혁명가 기질의 사람들은 창조적인 생각으로 재창조를 잘합니다. 이들은 매우 독립적이면서 재치가 넘쳐납니다. 이들은 예리하게 남들이 못 보는 미래를 보는 예측력이 뛰어난 사람들입니다. 더불어 강한 추진력을 가지고 자신이 속한 모든 부분에서 현상 유지를 타파하고 변화와 혁신을 도모합니다. 혁명가 유형의 사람들은 끊임없이 자신의 능력을 테스트하고 자신의 능력을 발전시킬 수 있는 기회를 적극적으로 모색합니다. 이들은 어려운 업무나 경쟁적인 상황, 특이한 과제를 좋아하고 중요한 지위에 오르고 싶어 합니다. 혁명가 기질의 사람들은 일을 시작할 때나 마칠 때나 자신감 있는 태도를 취하면서 쉬지 않고 일을 합니다. 이들은 개인적으로 일하기를 좋아하나, 다른 사람의 지원을 받을 수 있도록 설득을 잘하기도 합니다. 이들은 한마디로 생각을 빨리하고 즉시 행동하는 창의적인 행동가입니다!

남북 정상회담 이후 곧바로 북미 정상들의 역사적 첫 만남의 시간이 다가왔습니다. 정상회담이 성사되기 전 북한의 도발이 한창일 때 트럼프 대통령과 김정은 위원장은 '꼬마 로켓맨littel rocket man'이라거나 '노망난 늙은이dotard' 같은 모욕적인 말을 주고받았습니다. 따라서 상상하기도 쉽지 않았던 북미 정상회담에서 두 정상은 어떤 모습과 행동을 보일지가 세상 사

출처 〈KBS 스페셜〉 김정은의 두 얼굴 방송 화면

람 모두의 관심의 대상이었습니다. 특히 두 정상이 첫 만남에서 하는 '세기의 악수'는 어떤 모습을 보일지가 가장 큰 화두였습니다. 도널드 트럼프 미국 대통령은 악명 높은 '악수 외교'로 수차례 구설수에 올랐고, 김정은 북한 국무위원장은 정상외교 자체가 드물었기에 두 정상이 연출할 상징적 장면에 모든 관심이 집중되고 있었습니다.

트럼프 대통령의 악수법은 정말 특이합니다. 상대방 손을 부술 듯 잔뜩 힘주어 잡고 흔드는 공격적 악수가 트럼프 대통령의 특징입니다. 이와 함께 그는 자기 쪽으로 상대를 확 잡아당기는가 하면, 상대방의 손등이나 어깨를 두드리고 쓰다듬습니다. '아베 신조安倍晋三' 일본 총리와의 미일 정상회담 당시 악수가 그 대표적인 사례입니다. 트럼프 대통령은 무려 19초 동안이나 아베 총리의 손을 흔들고 당기고, 마치 직장 상사처럼 그를 툭툭 두들기며 놓아주지 않았습니다. 간신히 악수를 마친 아베 총리의 진빠진 표정은 안쓰럽기까지 했습니다.

사실 트럼프 대통령은 달변가는 아닙니다. 하지만 그는 자신의 언어의

출처 〈KBS 스페셜〉 김정은의 두 얼굴 방송 화면

빈틈을 보디랭귀지로 채울 줄 압니다. 트럼프 대통령의 보디랭귀지는 백 마디 말보다 더 많은 말을 이야기합니다. 트럼프가 하는 모든 행동은 진심으로 자신이 누구인지를 알려줍니다. 그는 화가 난 듯 입을 내밀고, 누군가를 강력하게 노려보고, 거들먹거리면서 걷습니다. 아일랜드 출신의 작가 조지 버나드 쇼George Bernard Shaw가 쓴 소설 중에는 《무기와 인간Arms

트럼프 - 행동가 보디랭귀지의 정석

출처 SBS 〈김어준의 블랙하우스〉 방송 화면

출처 채널A 2019 하노이 북핵 담판 뉴스 특보

and the Man》이라는 작품이 있습니다. 이 작품을 빗대어 트럼프 대통령에게는 '악수와 인간Hand shake and the Man'이라는 표현을 하는 것이 어울릴 듯합니다. 그는 악수라는 무기를 통해 자신의 권력과 우월함 그리고 주도권을 과시하기 때문입니다.

트럼프 대통령은 책을 읽는 것보다는 TV를 보는 것을, 글보다는 이미지를 좋아하는 인물로 널리 알려져 있습니다. 따라서 그를 분석하는 것도 이와 같은 접근법을 취하는 것이 마땅해 보입니다. 그의 말보다는 그의 행동을 통해서 말입니다. 따라서 수많은 세계 정상들의 만남과 남북미 정상회담 과정에서 보이는 트럼프 대통령의 행동을 종합해보면 그의 대표적인 행동은 다음과 같습니다.

- 강한 악수
- 스티플steeple, 첨탑 자세
- 손가락 포인팅
- 엄지-검지 모으기

이 행동들 모두 행동가 기질의 전형적인 모습입니다. 사람들 대부분은 2가지 유형 이상의 보디랭귀지를 함께 씁니다. 하지만 트럼프 대통령의 모든 보디랭귀지는 단 한 가지 방향만을 가리킵니다. 바로 그가 행동가라는 것을 말입니다. 앞에서 설명했던 것처럼 그의 대표적인 보디랭귀지는 '강한 악수'입니다. 상대방의 손을 꽉 잡고 위아래로 강하게 흔드는 악수

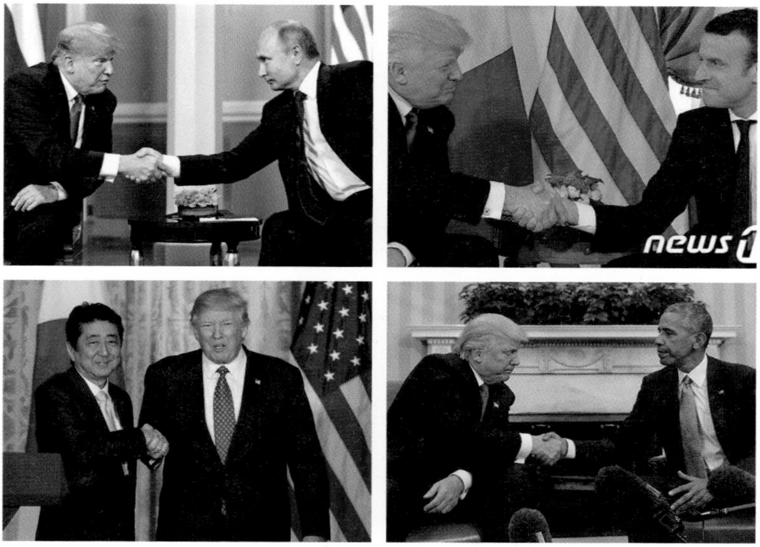

출처 1. https://www.joongang.co.kr/article/22806668#home
2. https://m.news1.kr/articles/?3046135#_enliple
3. https://www.chosun.com/site/data/html_dir/2017/11/07/2017110701816.html
4. https://www.pressian.com/pages/articles/144122#0DKU

는 가장 공격적인 악수 방법입니다. 이 악수는 자신의 강하고 힘이 넘치는 남자다움을 과시하기 위함입니다.

행동가로서 트럼프 대통령의 또 다른 보디랭귀지는 바로 '스티플steeple' 자세입니다. 소위 '첨탑' 또는 '철탑' 자세라고 불리는 이 보디랭귀지는 한마디로 자신감을 드러내는 보디랭귀지입니다. 이 행동은 리더가 자신의 팔로워들에게 지시나 조언을 할 때 사용하며, 특히 정치인이나 기업의 CEO 그리고 회계사, 변호사 등의 전문직 종사자들이 주로 사용합니다.

출처 (상) https://www.asiatoday.co.kr/view.php?key=20200913010007203
(중) https://m.khan.co.kr/amp/view.html?artid=201806121035001
(하) https://www.joongang.co.kr/article/23356023#home

자신감과 우월감을 나타내는 신호인 스티플은 2가지로 나뉩니다. 높은 쪽의 스티플은 자신의 생각이나 주장을 이용할 때 사용하고, 아래쪽의 스티플은 다른 사람의 이야기를 경청할 때 사용합니다. 특히 트럼프 대통령은 각국 정상들과의 회담 도중 상대편의 이야기를 들을 때 항상 아래쪽에 스티플을 하고 앉아 있습니다. 이것은 다른 정상들에게서 쉽게 볼 수 없는 트럼프 대통령만의 대표적인 보디랭귀지 중 하나입니다. 그런데 흥미롭게도 자신의 전매특허 같은 아래쪽 스티플을 하지 않았던 유일한 회담이 하나 있었습니다. 그것은 바로 김정은 위원장과의 하노이에서 열렸던 2차 북미 회담이었습니다. 트럼프 대통령이 아래쪽 스티플을 하지 않았던 김정은 위원장과의 북미 회담이 결국에는 결렬된 것이 과연 우연이라고 할 수 있을까요?

트럼프 대통령이 행동가 기질을 가지고 있음을 나타내는 세 번째 보디랭귀지는 '엄지-검지 모으기'입니다. 이 자세는 '프리사이즌 그립precision

하노이 회담, 철탑 자세를 하지 않은 트럼프

출처 https://www.yna.co.kr/view/AKR20190228151900504

다른 회담 때의 트럼프(첨탑 자세)

도널드 트럼프 미국 대통령과 블라디미르 푸틴 러시아 대통령의 미·러 단독 회담

출처 https://news.sbs.co.kr/news/endPage.do?news_id=N1004850164&plink=COPYPASTE&cooper=SBSNEWSEND

나토(북대서양조약기구) 정상회의, 마크롱 프랑스 대통령과 함께

출처 https://www.yna.co.kr/view/AKR20191204073800009

프랑스 비아리츠에서 열린 G7 정상회담, 메르켈 독일 총리와 함께

출처 https://www.joongang.co.kr/article/23561846#home

아홉 번째 한미 정상회담

출처 https://m.mk.co.kr/uberin/read.php?sc=30000001&year=2019&no=758613

grip'이라고 불리기도 합니다. 이 자세는 엄지와 검지를 모으는 자세로, 자신이 강조하고 싶은 말이 있을 때 취하는 동작입니다. 트럼프 대통령은 연설을 하면서 자신이 강하게 주장하고 싶을 때에는 어김없이 이 자세를 취합니다.

그 밖에 트럼프 대통령이 자주 쓰는 보디랭귀지에는 '손가락 포인팅'이 있습니다. 그는 마치 서부의 총잡이처럼 사람들을 손가락으로 가리킵니다. 이 손가락 포인팅은 상대방에게 매우 공격적인 느낌을 전달하고 그 행동의 대상이 되는 사람들에게는 자신이 비난을 받고 있다는 것을, 더 나아가 위협을 느끼게 만들 수도 있습니다.

지금까지 살펴본 트럼프 대통령의 행동들을 종합해보면 그는 강하고 지배적인 성향이 강한 '행동가' 유형입니다. 이 행동가 유형은 다음과 같은 특징을 가지고 있습니다.

출처 1. https://www.asiatoday.co.kr/view.php?key=20171110010005563
2. https://www.yna.co.kr/view/AKR20200205138900009
3. https://m.khan.co.kr/world/america/article/201703012226015#c2b
4. https://www.bbc.com/korean/news-42836715

- 주도적으로 행동하고 야망이 큼
- 남 앞에서 리드하는 것을 좋아함
- 자기 확신이 강하고 신념이 강함
- 최고가 되기 위해 경쟁하는 것을 즐김
- 실현 가능성을 중시하고 집중력이 높음
- 행동하는 것이 진짜 지식이라고 생각함
- 단호한 태도를 보이며 꾸물거리는 것을 싫어함
- 힘, 집중력, 결단력이 빠르고 용감하게 행동함
- 성취욕이 높고 그것을 위해 끊임없이 노력함
- 열심히 일하고 오래 일함

출처 1. https://biz.chosun.com/site/data/html_dir/2020/08/19/2020081900446.html
2. https://newsis.com/view/?id=NISX20170302_0014737176
3. https://m.mbn.co.kr/news/4604087
4. http://www.sisajournal-e.com/news/articleView.html?idxno=165422

트럼프 대통령의 움직임은 강하고 단호하고 때로는 공격적입니다. 하지만 그는 때때로 손바닥을 펼친 상태로 대중 연설을 하기도 합니다. 이 행동은 개방성, 정직성을 나타내는 비언어적 표시입니다. 그는 자신의 강한 보디랭귀지의 부작용을 이러한 행동들을 통해 완화시킵니다. 그를 좋아하든 싫어하든 트럼프 대통령이 카리스마가 넘치는 전형적인 행동가 기질을 가지고 있다는 사실을 부인할 수는 없을 것입니다. 하지만 신기하게도 그의 미소는 전염성이 있고 그에게 매력을 느끼는 사람도 많습니다. 이것이 한 명의 사업가일 뿐이었던 그가 전 세계 지도자의 반열에 오르게 된 비결이 아닐까 합니다.

PART

04

이제 당신도
리드할 수 있다:
READ에서 LEAD로

I CAN READ YOU

CHAPTER 13

이 사람, 무슨 기질일까? 실전 리드(R.E.A.D) 실습

표정

Q1 둘 중 누가 창조가 유형일까요? (　　)

출처 구글

여기에 이유를 작성해보세요!

몸짓

Q2 둘 중 누가 분석가 유형일까요? (　　)

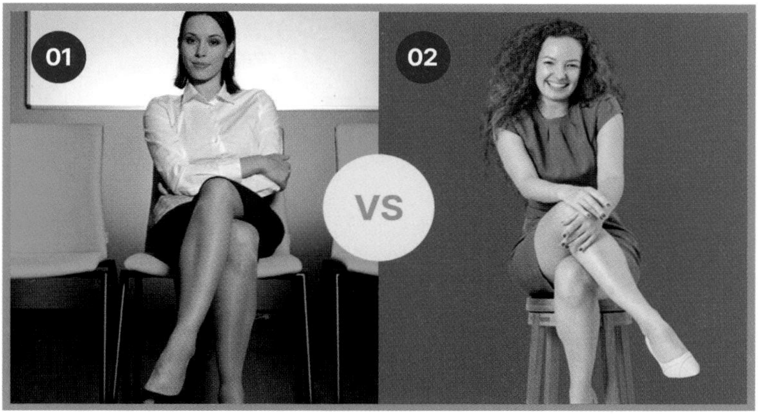

출처 구글

여기에 이유를 작성해보세요!

손짓!

Q3 둘 중 누가 행동가 유형일까요? ( )

출처 구글

여기에 이유를 작성해보세요!

Q1 둘 중 누가 창조가 유형일까요? (2)

똑같이 웃고 있지만 1번은 상담가 유형의 웃음이고, 2번은 창조가 유형의 웃음입니다. 이 웃음의 차이는 표정의 '크고 작음'에 있습니다. 창조가 유형은 표정을 지을 때 얼굴의 모든 근육을 사용하여 아주 크고 선명하게 드러냅니다. 반면에 상담가의 경우 작고 부드럽게 표정을 짓습니다. 또한 창조가의 경우 '직접적인 눈맞춤'을 하지만 상담가는 '간접적인 눈맞춤'을 합니다. 이 2가지의 차이점은 상담가 유형의 '온화한 미소'와 창조가 유형의 '호탕한 웃음'을 구별하는 중요한 단서가 됩니다.

Q2 둘 중 누가 분석가 유형일까요? (1)

정답은 1번입니다. 2번은 상담가 유형입니다. 사진 속 두 여성 모두 의자에 앉아 있지만 3가지 차이점이 있습니다.

첫 번째는 표정입니다. 1번은 분석가 유형으로 끝까지 잠근 셔츠, 무표정에 꼿꼿한 고개는 정보를 드러내지 않고 객관적인 자세를 유지하려는 분석가 유형의 모습입니다. 반면에 2번 여성은 '온화한 미소'와 함께 얼굴을 기울여 자신의 목을 보여줍니다. 상대방의 이야기를 '경청'할 준비가 되어 있는 상담가 유형의 전형적인 모습입니다.

두 번째로는 몸의 기울기입니다. 1번 분석가 유형은 적정 거리를 유지하기 위해 의자 등받이에 몸을 기대고 있는 반면, 2번 여성은 상대방과의 심리적 거리를 줄이기 위해 몸을 앞으로 기울이고 있습니다.

마지막 차이는 바로 '손짓'에 있습니다. 1번 분석가 유형은 '제한하는 몸짓' 중 대표적인 '팔짱 끼기와 다리 꼬기'를 통해 자신의 몸을 가림으로써 방어적인 모습을 보여주고 있습니다. 상담가 역시 몸을 가리는 '방어적인 자세'를 하고 있지만 그 행동에는 미묘한 차이가 있습니다. 2번 여성은 다리를 꼬고 있지만 양손을 가지런히 무릎에 올려놓았습니다. 분석가 유형 역시 손바닥을 숨기기 위해 테이블 아래나 자신의 무릎에 손을 올려놓곤 합니다. 하지만 위의 사진처럼 만약 '테이블' 없이 의자만 있다면 상담가 유형은 공손해 보이기 위해 분석가 유형처럼 양손을 가지런히 무릎에 올려놓을 것입니다. 온화한 미소와 함께 말입니다!

Q3 둘 중 누가 행동가 유형일까요? (2)

사진 속 두 남성은 모두 '손가락 포인팅'을 하고 있지만 이들이 풍기는 인상은 매우 다릅니다. 같은 동작인데 왜 이렇게 느낌이 다를까요? 생김새나 옷차림 때문일까요? 아니면 그냥 '느낌'일까요? 단순히 '느낌'으로 상대방을 파악READ 하는 것이 아니라 '왜'라는 이유를 찾아낼 수 있어야 성공적으로 상대방을 이끌LEAD 수 있습니다. 그래서 Q3에서는 '같은 동작, 다른 느낌'에 대한 '왜'에 대해서 좀 더 해설해보고자 합니다.

앞서 행동가 유형의 대표적인 손짓으로 '손가락으로 가리키기'에 대해 설명했습니다. 2번 사진 속 남성은 행동가가 하는 '손가락질'의 교과서 같습니다. 직접적인 눈맞춤, 직접적인 손가락질은 상대방으로 하여금 압박감을 느끼게 합니다.

그럼 지금부터는 1번의 손가락 가리키기와 비교해보겠습니다. 우선 표정이 다릅니다. 1번 남성은 창조가의 '손가락 가리키기'입니다. 1번 남성은 곁눈질과 환한 미소 등 익살스러운 표정으로 상대방을 쳐다보고 있습니다. 반면에 2번 남성은 그 반대입니다. 두 번째로 손가락이 가리키는 방향입니다. '손가락 가리키기'는 우선 공통적으로 '강조'라는 의미를 가지고 있지만, 가리키는 방향에 따라 다른 느낌을 줍니다. 상대방을 향한 직접적인 손가락질은 위협적이지만 1번 남성처럼 머리를 향하는 것은 '좋은 생각이 떠올랐어.', '이는 아주 흥미로운 부분이야.' 등을 의미합니다. 우리는 무의식적으로 강조하고자 하는 부분을 손으로 가리키기 때문입니다!

I CAN READ YOU

CHAPTER 14

성공으로 이끄는
질별 관계 전략 T

창조가를 대할 때

임 작가를 처음 만났을 때에는 정말 황당하기 짝이 없었다. 아직도 첫 만남을 생각하면 아찔하다. 그녀를 처음 만났던 건 한 인터뷰 때문이었다.

사람이 좋아 심리학을 전공했는데, 엉뚱하게 화장품 회사 브랜드팀에서 일을 하게 되었던 나. 지금 생각해보면 취업이 하고 싶어 무작정 제일 먼저 합격 연락이 온 회사를 가게 되었던 것 같다. 그해에는 회사 브랜딩 차원에서 'Belief, Bravery, Beyond Your Beauty'라는 캠페인 프로젝트가 있었다. 나는 그 프로젝트에서 문화 예술 관련 전문가들과 작가들을 만나 '아름다움'에 대한 인터뷰를 맡게 되었다. 사람들을 만나 이런저런 이야기 듣는 것을 좋아하는 나는 이게 웬 떡인가 했다. 임 작가를 만나기 전까지는…….

임 작가는 내가 세 번째로 만날 사람이었다. 두 번째까지는 별 탈 없이 인터뷰가 진행되었기에 처음에는 아무 걱정이 없었다. 아니, 오히려 설레었다. '이번엔 또 어떤 이야기들을 담아올까?'라는 생각에 말이다.

임 작가를 만나기 전날, 스케줄 체크를 하기 위해 오전에 그녀에게 메신저로 연락을 했다. 하지만 오후가 넘어서까지 그녀는 연락이 없었다. 조금 싸한 기분에 그녀에게 전화를 걸었다. 그녀는 전화를 받지 않았다. 친구도 아니고 업무적인 관계였기에 막무가내로 계속 전화를 할 수도 없는 노릇이라 나는 점점 불안해져갔다. 왜냐하면 연락이 잘되지 않고, 작품 자료를 받기로 했는데 첨부파일이 빠진 이메일을 보내는 등 창조가 유형의 느낌이 강했기 때문이다. 정말 그녀가 창조가 유형이라면 내일 만나지 못할 수도 있겠다는 생각이 들었다.

결국 퇴근할 때까지 임 작가에게 아무런 연락을 받지 못한 나는 퇴근길 지하철에서 별별 생각이 다 들기 시작했다. 내일 무작정 보기로 했던 장소로 가야 할까, 아니면 취소하고 네 번째 인터뷰를 진행할까? 이번 인터뷰를 못 해서 김 팀장님이 나에게 실망하면 어쩌지? 날 정말 많이 챙겨주시는데……. 폐가 되진 않을까? 혹시! 이러다 회사에서 잘리는 거 아니야? 한참 이런저런 생각에 빠져 있을 때쯤 카톡 하나가 왔다. 임 작가였다! 그런데 이렇다 저렇다 변명도 없이 "아, 깜박할 뻔했는데 감사해요. 내일 봬요!"라는 답과 함께 괴상한 그림체의 이모티콘을 보내왔다. 하루 종일 쩔쩔매는 시간이었지만 그래도 늦게라도 연락이 와서 다행이다 싶었다.

다음 날 나는 그녀의 작업실 근처 카페에 앉아서 임 작가를 기다렸다.

그런데 그녀는 만나기로 한 시간보다 30분이나 늦게 왔다. 물론 늦는다는 연락은 없었다. 약속 시간 30분 뒤 그녀는 양손 가득 무엇인가를 든 채 정신없이 나에게 다가왔다. 심지어 물감이 덕지덕지 묻어 있는 앞치마까지 그대로 입고 왔다.

"아, 죄송해요. 제가 작품에 쓸 재료를 사러 갔는데, 딴 생각하다 길을 잘못 들어서 늦었어요. 아, 제가 커피 사려고 했는데 벌써 시키셨네. 그럼 여기 마카롱 맛있는데 그거 제가 쏠게요!"

그녀는 익살스러운 표정으로 말하며 부랴부랴 마카롱을 시켜왔다. 그러곤 내가 먼저 질문을 하기도 전에 자신이 생각하는 아름다움에 대해 이야기를 늘어놓았다.

"아름다움이란 단어는 '앎'에서 온 거잖아요? 그래서 저는 결국 아름다움이란 지혜라고 생각해요. 그런데 많은 사람들이 아름다움을 외모에만 걸치는 것 같아요. 아름다움이란 본질이 완전히 오염된 거죠……."

처음에는 그런 그녀의 모습이 당황스러웠지만 조금 시간이 지나자 오히려 편했다. 왜냐하면 굳이 질문을 하지 않아도 그녀가 알아서 술술 자신의 생각을 이야기해주어서 내가 할 일이 별로 없었기 때문이다. 그리고 독특한 표현들, 크고 다양한 표정들과 제스처들을 곁들이며 이야기하는 걸 보니 임 작가는 창조가 유형임이 확실했다. 창조가는 자신의 이야기를 흥미롭게 들어주는 것만으로도 친밀한 관계를 형성할 수 있기 때문에 리액션의 귀재인 나는 그녀와 편하게 인터뷰를 진행할 수 있었다.

지금 돌이켜보면 그녀의 이야기를 들으면 들을수록 '아, 이번 인터뷰 정말 재미있게 잘 나오겠다!'라는 생각에 덩달아 신이 났던 것 같다. 나중에는 인터뷰고 뭐고, 그녀의 이야기를 더 듣고 싶어서(원래 나는 나긋나긋한 스타일인데) 그녀의 빠른 리듬에 맞춰 더 크고 신나게 리액션을 하며 이야기를 들었다. 그렇게 1시간이 지났을까, 갑자기 그녀가 말을 멈추더니 뜬금없이 내게 질문을 했다.

"최지원 씨는 아름다움에 대해서 어떻게 생각하세요?"

"네?"

"아뇨, 최지원 씨는 아름다움에 대해 어떻게 생각하는지 갑자기 궁금해서요."

그녀가 갑자기 역으로 내게 인터뷰를 해왔다. 당황스러웠다.

"어, 그게, 아름다움이란 외면보다 내면이 더 중요하다고 생각……."

그녀가 내 말을 자르더니 말했다.

"에이, 그건 너무 흔하잖아요. 최지원 씨, 부모님 말씀 잘 듣는 착한 딸이었죠?"

"네……?"

"그러니까 내 말은, 최지원 씨, 일탈 한 번도 안 해봤죠? 혹시 일탈해본 경험 있어요?"

말문이 막혔다. 생각해보니 나는 한 번도 일탈이라고 할 만한 것을 해본 적이 없었기 때문이다. 그런데 한 번도 해본 적이 없다고 생각하니 갑자기 공허함이 몰려왔다. 그렇게 잠깐의 침묵이 흐르고 그녀가 다시 입을 열었다.

"최지원 씨는 엄청 다정다감한 인상에 대기업은 아니지만 그래도 꽤 규모 있는 중소기업에, 외모도 이 정도면 어디 가서 빠지지 않으실 것 같은데 단 한 가지, 당신의 삶에 당신이 빠진 것 같네요. 최지원 씨와 이야기를 하다 보니 그런 기분이 들어서요. 또 왠지 모르겠지만 친동생 같고 그렇게 이야기해주고 싶어서."

"……."

"왜 그렇게 갑자기 표정이 울상이에요. 대답 못 해서 속상해요? 뭐가 문제예요. 일탈은 이제부터 하면 되죠."

그러더니 그녀는 자신의 핸드폰을 꺼내 뭔가를 적더니 내게 보여주며 호탕한 웃음을 지었다.

"자, 여기 보이죠? '최지원더월드일탈이필요하면언제든지달려가자미', 최지원 씨 이름 이렇게 변경했어요. 일탈이 필요할 때, 내 삶에 내가 없는 기분이 들 때, 그냥 보고 싶을 때 언제든지 연락해요. 내가 일탈 느낌, 아니까!"

그날 이후로 내 인생에 많은 변화가 찾아왔다. 우선 인터뷰는 너무 성공적이었다. 아니, 그해 캠페인을 성공할 수 있었던 건 임이나 작가 덕이었다. 그녀의 인터뷰 영상이 재미있으면서도 인사이트가 있어서 엄청난 인기를 끌었기 때문이다. 덕분에 나는 그해 인센티브도 두둑하게 받고 승진도 했다. 하지만 나는 그해 연말, 회사를 그만뒀다. 사람들이 다 의아해했다. 이제 막 잘나가려고 하는데 왜 굴러들어온 복을 차고 나가느냐며 말이다. 그들의 말에 조금 흔들리기는 했지만 그럼에도 불구하고 나는 회사를 그만뒀다. 나의 첫 일탈이었다.

임이나 작가와의 인터뷰 후, 나는 나의 삶에 대해서 진지하게 되돌아보게 되었는데 그녀의 말처럼 나는 나보단 남을 위해 살아온 것 같았다. 나 없는 인생을 살고 있었던 것이다. 나답게 살고 싶다는 욕망이 마구 차올랐다. 임이나 작가가 내게 건넨 말처럼 일탈이 필요할 때마다 나는 그녀와 만나 많은 이야기를 나누면서 함께 고민했다. 물론 창조가답게 만나기까지의 과정은 늘 쉽지 않았지만! 사람 만나는 걸 좋아하는 내가 가장 나답게 살고, 나답게 일할 수 있는 건 무엇일까? 약 10개월 정도의 고민 끝에 답이 나왔다.

나는 회사를 그만두고 독립출판사를 차렸다. 사람을 만나고, 그 사람의 이야기를 담을 수 있는 직업. 내게 딱이었다. 그래서 퇴직금부터 적금까지 싹 끌어모아 회사를 차렸다. 두 번째 일탈이었다. 이게 벌써 4년 전 일이다. 운이 좋았다고 할까? 처음엔 작은 쪽방에서 시작했는데 4년 만에 이제는 직원이 20명이나 되는 중견 출판사가 되었다.

오늘은 오랜만에 임이나 언니를 만나러 간다. 임이나 언니의 첫 번째 책이 잘 팔려서 두 번째 책 미팅 겸! 달랑 시간과 주소만 주는 임이나 언니. 이제 적응이 돼서 알아서 잘 찾아간다. 주소는 논현동의 어느 건물 지하 1층. 이른 저녁부터 지하 1층 칵테일 바인가? 오늘 말술 마시려고 작정을 했나? 이런저런 생각을 하며 문을 열었다. 웬걸, 삼겹살집이다. 이름도 포크댄스다. 정말이지, 참 임이나 언니다운 장소 선정이다!

2022.01.06.

TIP 요약!

- 그들이 자유롭게 움직이고 활동할 수 있는 분위기를 만들어주세요.
- 그들이 관심 있어 하는 주제에 대해 계속 질문해주세요.
- 그들처럼 자유롭고 조금 더 편안한 자세로 앉아보세요.
- 그들처럼 리듬감 있게 이야기해보세요.
- 나무보단 숲, 장기적인 관점으로 이야기하세요.
- 그래서 스스로 비전을 그릴 수 있게 해주세요.

Q 여기서 퀴즈! 작가 '임이나'를 만난 주인공 '최지원'의 유형은?

어떤 유형인지, 단서들과 함께 여기에 적어보세요.

*정답 336쪽에서 확인

상담가를 대할 때

3년 동안 회사 업무로 쉴 틈 없이 일을 하다 보니 삶에 무료함이 느껴졌다. 아마도 번아웃이 온 것 같았다. 그래서 1년 휴직계를 내고 온전히 나를 위한 시간을 보내고 있는 중이었다. 2주 정도는 집에서 종일 자고 먹고를 반복했는데, 역시 나는 가만히 쉬는 스타일은 못 되는 것 같다. 2주를 그렇게 보내고 나니 무언가를 해야 할 것만 같은 기분이 들었다. 그래서 다양한 사람들을 만날 수 있는 소셜 모임에 나가보기로 했다.

그날은 그 소셜 모임에 나가는 날이었다. 처음이라 그런지 아는 사람도 없고 생각보다 너무 어색해서 모임 공간 인테리어를 이것저것 둘러보고 있는데, 내 또래로 보이는 남자분이 다가와 부드러운 미소를 지으며 말을 걸어왔다.

"처음 오신 것 같은데 맞죠? 여기 커피 괜찮은데 커피 좀 갖다 드릴까요?"

그는 여기 모임을 주관하는 스텝인 것 같았다. 나는 어색한 티를 내지 않으려고 엄청 노력했는데 많이 티가 났나 싶어 머쓱하기도 하고 당황스러워서 "아니요, 괜찮습니다."라고 말한 후 화장실 가는 척 자리를 피했다.

다른 사람들은 다들 서로서로 잘 이야기하고 어울리는 것 같은데, 왜 나는 구석에서 산 송장처럼 서 있는 걸까……. 괜히 왔나……. 이런 생각이 들 때쯤 모임이 시작되었다. 이곳에 오는 분들 대부분이 전문영역에서 일하고 있는 직장인이나 전문가들로 구성되어 있어서, 돌아가며 자신의 노하우를 공유하는 강의를 진행하고, 강의가 끝나면 자유롭게 대화를 갖는 시간으로 구성된 모임이었다. 그날은 모임 멤버 중 퍼스널 브랜딩을 하고 있는 컨설턴트분이 미니 강의를 진행하는 날이었다.

'21세기 급변하는 시대, 브랜드가 되어야 한다.'라는 주제로 열정적으로 강의를 해주셨는데, 같은 여자로서 '참 멋있다'는 생각이 들면서 나에게 새로운 자극이 되었던 것 같다. 강의가 끝나고 자유시간, 아까 내게 말을 걸어주었던 스탭분이 보였다. 처음 온 나를 챙겨주려 했던 것 같은데 너무 차갑게 반응한 게 미안하기도 해서 용기 내어 먼저 인사를 했다. 그분은 여전히 부드러운 미소로 인사를 건네며 나를 주변 사람들에게 소개시켜주었다. 한참 대화를 하다 알게 된 사실이었는데, 이분도 오늘 처음 오신 분이었다. 이름은 이민우였다.

살짝 몸을 기울인 채 눈을 바라보며 내게 개인적인 질문도 해주고, 또 내 이야기를 들을 땐 고개를 위아래로 끄덕이며 열심히 경청해주었다. 이때까지는 그가 붙임성 있는 성격이라고만 생각했는데 대화를 하면 할수록 이민우 님은 상담가 유형이라는 것을 확신하게 되었다. 왜냐하면 요즘 어떤 책을 읽고 있는지에 대한 대화가 오가고 있었는데, 이민우 님은 사람에 대한 관심이 많아서 요즘 《사람의 마음을 읽는 시간 0.2초》라는 책을 읽고 있다며 나긋한 목소리로 말했다. 그리고 손바닥을 펼쳐 보이는 잔 손짓을 곁들여 이야기하는 부분까지, 그의 행동은 모두 상담가 유형의 단서들이었다.

원래는 옆에서 이야기를 했는데 나 역시 이민우 님의 이야기를 더 듣고 싶어서 마주 보는 곳으로 자리를 옮겼다. 스탠딩 원형 테이블이라 쉽게 자리를 옮길 수 있었다. 나는 인상이 강렬해 보인다는 이야기를 많이 듣는 편이라 최대한 간접적인 눈맞춤과 부드러운 미소로 이민우 님을 편안하게 만들려고 노력했다. 그리고 그가 좋아하는 음악과 음식, 최근에 본 영화 등 개인적인 질문들을 통해 대화를 이끌어갔다. 그런데 참 재미있었던 것은 친해지고 싶어서 나 역시 그의 기질에 맞게 호흡을 따라갔는데, 어느새 정신을 차려보니 내가 회사에서 힘들었던 이야기부터 여기 오게 된 계기 등 내 속마음을 마구 이야기하고 있었다. 역시 상담가 유형의 타고난 친화력은 정말 대단한 것 같다. 이민우 님 덕분에 다행히 마지막 시간엔 참 즐겁게 보냈던 것 같다.

모임이 끝나고 내심 아쉬워서 근처 카페에서 이민우 님과 좀 더 이야기를 하기로 했다. 오늘 덕분에 모임도 잘 다녀온 것 같아서 커피는 내가 사겠다고 "어떤 거 드시겠어요?"라고 물었는데, 한참 메뉴를 보며 고르지 못하길래 그냥 내가 무난한 커피 베이글 세트를 시켰다. 이민우 님은 내가 메뉴를 골라주자 너무 좋아하며 편안한 표정을 지었다. 아마 상대방이 먹고 싶은 걸로 시키거나 다수결에 따르는 스타일이라 부담스러워했던 것 같다.

서로의 대화에 집중할 수 있는 편안한 공간이 어딜지 고민하다 벽 쪽에 위치한 자리에 앉았다. 요즘 하고 있는 내 고민을 먼저 이야기하며 아까 못 했던 대화를 이어갔다. 이민우 님은 처음 봤는데 자신에게 이런 고민을 들려줘서 너무 고맙고 감동이라며 자신의 고민도 털어놓았다. 그는 지금 회사에서 회계 관리를 맡고 있는데, 매출을 올리기 위해 회사 직원들에게 인센티브를 걸고 경쟁을 붙이는 회사 분위기가 너무 적응하기 힘들다고 했다. 또 자신이 이를 총괄하고 있어서 마음이 너무 힘들다고 했다. 갈등과 경쟁을 힘들어하는 상담가 유형에게는 그런 업무가 힘들 수밖에 없었을 것이다. 그래서 나는 이민우 님은 말 그대로 사람과 정서적 교감을 중심으로 하는 상담사가 적성에 잘 맞을 것 같다고, 진지하게 전직도 생각해보는 게 어떨지, 조심스럽게 몸을 기울인 채 손바닥을 펼쳐 보이며 나의 생각을 전달했다. 그러자 이민우 님도 내 말이 맞는 것 같다며 안 그래도 진지하게 고민 중이었다고 너무 고마워했다. 원래 그의 인상은 부드럽고 편안함에도 그 순간은 정말 이게 편안한 표정의 정석이 아닐까 하는 생각이 문득 들었다.

그렇게 시간이 길어져 밤 10시를 훌쩍 넘어 서로의 SNS도 공유하고 전화번호도 공유한 뒤 자리를 마무리했다. 그리고 다음엔 친구로 만나자며 "민우야, 잘 가!"라고 인사를 건넸다. 그런 내게 "내 친구, 박지영! 잘 가!"

라고 손을 흔드는 모습을 보는데, 면바지에 니트를 입은 그의 옷차림도 참 이민우답다는 생각이 그때 들었던 것 같다. 그 뒤로 우리는 절친이 되었고 1년 동안 열심히 전직 준비를 했던 민우는 ICRU연구소에서 사람들의 성장을 돕는 컨설턴트로 일하게 되었다. 지금도 그는 그때 정말 너무 고마웠다며 가끔씩 그때의 이야기를 꺼내곤 한다. 그게 벌써 10년 전 이야기인데도 말이다.

참, 그때 나도 고마웠고 그를 만난 것만으로 그때 그 모임에 잘 나갔다는 생각이 든다. 물론 그 뒤로 모임은 안 나가고 민우만 주구장창 만났지만 말이다. '어쩌면 지금의 민우를 만나려고 그 모임에 갔던 건 아닌가?' 하는 생각이 들기도 한다.

"그때 내게 먼저 말 걸어줘서 정말 고마웠어, 남편. 그때 당신이 상담가인 걸 잘 파악해서 관계 전략을 잘 이끌어간 내 자신도 사실 뿌듯해. 앞으로도 편안하게 행복하게 살자!"

문득 오늘은 남편을 처음으로 만났던 날이 생각 나 일기를 너무 길게 쓴 것 같다. 이쯤에서 나도 어서 민우 옆에서 편안하게 잠을 청해야겠다.

2021.12.25.

TIP 요약!

- 대화를 나눌 수 있는 편안한 분위기를 형성해보세요.
- 이들에게 개인적인 관심을 보여주세요.
- 이들과 자신의 감정이나 속마음을 공유해보세요.
- 너무 경쟁적이거나 공격적인 태도를 보이지 마세요.
- 마주 보고 앉아 몸을 앞으로 기울이며 대화를 해보세요.

Q 여기서 퀴즈! 남편 '이민우'를 만난 주인공 '박지영'의 유형은?

어떤 유형인지, 단서들과 함께 여기에 적어보세요.

*정답 338쪽에서 확인

행동가를 대할 때

그날 오전에는 거래처 김 회장과 미팅이 있었다. 원래 담당 직원이 있었는데 개인 사정으로 그만두게 되어 대신 급작스럽게 내가 맡게 되었다. 그래서 나는 김 회장에 대해 알고 있는 정보가 별로 없었다. 그런데 전날 그에게서 전화가 걸려왔다.

"ICRU컨설팅펌 김 차장님, 내일 김 차장님이 오시는 거 맞죠? 내일 오전 10시에 제 사무실에서 봅시다. 그때 말한 신사업 트렌드 자료도 준비해주세요. 그럼 내일 봅시다."

내가 대답할 틈도 없이 미팅 관련 용건만 간결하게 말하고 끊는 그의 모습에서 나는 김 회장이 행동가 유형임을 확신했다. 그래서 아침부터 김 회장의 격에 맞는 인상을 주기 위해 옷장에서 가장 비싼 슈트를 꺼내 입었다. 여동생 결혼식 때 맞춘 정장으로, 정말 1년에 한두 번 입을까 말까

하는 아끼던 옷이었다. 구두도 광택이 나게 닦고, 머리도 이마를 보이게 위로 넘겼다.

언뜻 전 담당 직원이 내게 "김 회장님은 한 성격 하시는 분이라 몇 번을 봐도 늘 긴장돼요."라고 했던 말이 생각 나서였을까, 그를 만나러 가는 길에 묘한 긴장감이 들었다. 미리 도착한 나는 비서의 안내를 받고 김 회장의 사무실에 들어가 그를 기다렸다. 행동가 유형은 최소 회의시간 40분 전에는 먼저 와 있는 유형이라 나는 50분 전에 미리 갔다.

그가 오기 전까지 그의 사무실을 둘러보는데 아니나 다를까, 그의 지위와 능력을 보여주는 각종 트로피와 상장들이 진열장에 가득 진열되어 있었다. 벽면에는 국내 유명화가 작품도 걸려 있었다. 저 화가는 요즘 한창 이름을 날리는 임이나 작가인데, 그의 작품을 직접 보게 되다니 내심 신기했다. 그의 책상에는 어젯밤 늦게까지 사무실에 있었던 흔적이 고스란히 남아 있었다. 쌓여 있는 결재 서류들부터 세 잔의 빈 커피잔까지. 우리 회사에서 브랜딩 컨설팅을 받고 작년에 '올해의 브랜드 대상'을 받았는데, 그때 대통령과 함께 찍은 사진은 테이블 위에 올려져 있었다. 마치 자랑하듯이 말이다.

사무실을 한참 둘러보고 있는데, 김 회장이 들어왔다. 미팅시간 30분 전인데, 역시 더 일찍 가길 잘했다는 생각이 들었다. 김 회장은 문을 열자마자 나에게 성큼성큼 다가와 강인한 눈빛으로 악수를 청했다. 그가 앞뒤 다 자르고 악수부터 청하는 바람에 조금은 당황했지만, 나도 재빠르게 손을 뻗어 자신감 있는 표정으로 그의 악수를 받았다. 그리고 그가 사적인 대화를 별로 좋아하지 않는 유형인 만큼 곧바로 미팅을 진행하기 위해 명함을 건넸다. 그는 나의 명함을 빠르게 훑어보며 의자에 앉았다. 그가 몸을 뒤로 기댄 채 내게 말했다.

"앉으시죠."

나 역시 앉으면서 배에 힘을 주어 상체를 크게 만들었다. 그리고 바로 이번 컨설팅 주제인 '캠페인' 건에 대한 원페이지 브리핑 자료를 그에게 건네며 말했다.

"이번 캠페인의 주제는 '나다움 찾기'가 좋을 것 같습니다. 왜냐하면……."

그는 양팔을 목 뒤에 걸친 채 이야기를 들었다. 나는 중간중간 중요한 내용들은 볼펜으로 포인팅 하며 강조하였고, 강조한 부분은 김 회장이 "이런 거지?"라며 되묻는 식으로 대화가 반복되었다. 그렇게 속도감 있게 미팅이 진행되던 중 갑자기 김 회장이 나의 말을 자르며 말했다.

"그러니까 한마디로 잠재 고객인 MZ세대에게 인지도를 알리자, 뭐 이런 이야기 아냐? 그래서 제작은 언제부터 들어가지?"

"다음 달 초에 제작할 예정입니다."

"아직 이번 달 중순인데, 다음 달이면 언제 제작하고 진행하나? 내일부터 준비해서 바로 제작에 들어갔으면 하는데……."

다음 달 초도 타이트하게 잡은 일정인데, 당장 제작에 들어가자는 김 회장의 말에 순간 머리가 하얗게 변했다. 하지만 주저하는 모습은 김 회장에게 무능력한 모습으로 보일 것 같아 우선 "당장 제작을 원하신다면……."이라고 말하고 나서 빠르게 대답할 내용을 생각했다.

"바로 제작에 들어가기엔 제작팀과 일정 조율 등의 문제가 있습니다. 하지만 말씀하신 대로 최대한 일정을 조율하고, 이번 달에 제작에 들어갈 수 있는 방법을 찾아보겠습니다."

그는 나의 대답에 호탕하게 웃으며 말했다.

"김 차장, 시원시원해서 좋구먼. 일하는 스타일이 아주 맘에 들어."

아마 이때가 김 회장이 내게 처음으로 웃음을 보였던 순간일 것이다. 그 뒤로는 나에 대한 신뢰가 생겼는지 별다른 질문 없이 순탄하게 미팅이 진행되었다. 미팅이 끝나갈 무렵 김 회장은 내게 어제 전화로 이야기했던 신사업 트렌드 자료에 대해 이야기를 꺼냈다. 내용인즉, 매출도 오르고 작년에 브랜드 대상도 받았고 신규 사업을 하나 더 하고 싶은데 어떤 게 좋을지 고민이라는 것이었다.

나는 준비해온 신규 사업 트렌드 자료를 테이블 중앙에 놓아 김 회장이 몸을 기울이게 만든 후 나 역시 몸을 기울여 중요한 내용들을 동그라미 치며 간략하게 브리핑을 시작했다. 그가 세세한 내용들까지 짚고 넘어가는 것을 별로 좋아하지 않는 유형이기에 전날 밤새 자료를 찾고 요약했었다. 김 회장이 검지로 얼굴을 만지며 아주 흥미롭게 들어주는 모습을 보니 밤새 준비해온 보람이 있었다. 그리고 준비해온 세부자료가 든 USB를 건네며 미팅을 마무리했다.

"이건 세부자료를 카테고리별로 정리해둔 USB입니다. 회장님이 기획부에 전달해주시면 이 자료를 토대로 기획부와 먼저 논의하고, 다음번 미팅 때 논의한 내용을 브리핑해드리겠습니다."

김 회장은 만족한 듯한 모습으로 고개를 끄덕이곤 내게 '연간 사업 계획서' 1장을 건네며 말했다.

"회사에서 일 잘한다고 소문 났던데, 역시 듣던 대로 잘하는구먼. 이거 보면서 제안할 부분이 있으면 얼마든지 제안해줬으면 하네."

역시 김 회장은 듣던 대로 추진력이 대단했다. 왜 별명이 '인간 불도저'인지 알 것 같았다. 처음 안건부터 마지막까지 '추진의, 추진에 의한, 추진을 위한' 회의였다. 그래도 나의 능력을 인정받은 것 같아 김 회장의 추진력에 힘을 싣고 싶은 열정이 끓어올랐다. 참 그런 기분은 오랜만이었던 것 같다. 7년간 일을 해오면서 언젠가부터 일을 처리하기 급급한 나날들을 보냈는데 이런 감정이 들다니, 참 기분이 묘하면서도 흥분되었다.

그날 이후 김 회장은 추가로 5가지의 신사업 컨설팅을 우리 회사에 맡겼고, 우리 회사의 가장 중요한 클라이언트가 되었다. 그리고 내 인생에 중요한 사건이 일어난 계기이기도 하다.

클라이언트 관계로 김 회장과 5년쯤 일했을 때였나, 갑자기 김 회장이 할 말이 있으니 내일 잠깐 시간 좀 내달라며 연락을 해왔다. 마침 다음 날 휴무라 김 회장과의 갑작스러운 만남이 가능했다. 김 회장 회사 근처 카페에서 보기로 했는데, 그날은 약속 시간보다 1시간 일찍 갔음에도 그가 먼저 와서 앉아 있었다. 그리고 그날따라 그답지 않게 머뭇거리다 내게 툭 한마디를 건넸다.

"이 회사를 키우겠다는 일념으로 살아오다 보니 주변에 소중한 것들을 놓친 게 너무 많았네. 그걸 너무 늦게 깨달은 것 같아. 그래서 와이프랑 세계 봉사활동 다니면서 지금까지 내가 세상에 받았던 것들을 돌려주려 하네. 30년 일했으면 그만할 때도 되지 않았겠나?"

무슨 의미로 내게 이런 말을 하는지 알 수 없어 그저 가만히 쳐다보고만 있었다. 그러자 다시 김 회장이 입을 열었다.

"그러니까 내 말은, 자네가 우리 회사를 맡아주었으면 하네. 요즘 젊은 이들 이해하기도 벅차고, 우리 회사답게 혁신적인 리더가 필요하네. 김춘수, 자네라면 할 수 있을 거라 확신하네."

그렇게 나는 이 회사의 리더가 되었다. 드라마에서만 일어나는 일이라 생각했는데, 그런 일이 내게 일어났다. 지금 생각해보면 김만호 회장은 내게 하늘이 보내준 기회가 아니었을까? 오늘은 김 회장이 아프리카 봉사활동을 마치고 잠시 귀국을 하는 날이다. 그래서 특별히 오늘 일정을 모두 빼고 공항에 그를 마중 나가려 한다. 회사에 관련된 조언부터 이것저것 할 이야기가 참 많다. 나는 김 회장을 처음 만났을 때 입었던 옷을 옷장에서 꺼내 입었다. 이상하게 김 회장을 처음 만났던 날처럼 묘한 긴장감이 느껴진다.

2021.12.25.

TIP 요약!

- 대화 시 자연스럽게 몸을 뒤로 젖혀 몸을 크게 만들어보세요.
- 단, 부드러운 미소를 잃지 마세요. 경쟁심이 강한 이들의 눈을 너무 강하게 쳐다보면 도전으로 받아들일 수 있습니다.
- 결론 위주로 간결하고 정확하게 이야기하세요.
- 사적이거나 감정적인 주제보다는 지적인 주제로 대화를 이어가보세요.
- 이들에게 시간을 낭비하고 있다는 생각이 들게 하거나 무능한 인상을 주지 않게 자신감 있는 태도로 그들을 맞이하세요.

Q 여기서 퀴즈! 회장 '김만호'를 만난 주인공 '김춘수'의 유형은?

어떤 유형인지, 단서들과 함께 여기에 적어보세요.

*정답 341쪽에서 확인

분석가를 대할 때

머릿속이 온통 플랫폼 사업에 대한 생각뿐인 나날들이었다. 분명 될 것 같은데, 그저 직관적인 확신일 뿐이었기에 어디서부터 어떻게 시작해야 할지 막막했다. 그래서 지인들에게 다짜고짜 투자자를 소개해줄 것을 요청한 결과, 겨우 한 사람을 만나게 되었다.

한껏 부푼 마음으로 그를 만나러 갔지만, 그날의 미팅은 완벽하게 실패했다. 카페에서 열을 올리며 나의 혁신적인 아이디어에 대해 설명하는 동안 그는 단 한마디도 하지 않았다. 작은 움직임조차도 없었다. 마치 그 사람 혼자 정지되어 있는 것 같은 기분이 들 정도였다. 너무 답답한 나머지 그쪽으로 몸을 기울이면서 나는 말했다.

"이건 정말 혁신적인 아이템이에요! 구현만 가능하다면 대박이 날 겁니다."

그러자 그는 약간 불편한 표정을 지으며, 탁자에서 뒤로 물러나 심각한 표정으로 무언가를 생각하는 듯했다. 30초 정도의 침묵이 흘렀다. 그 시간이 그때는 얼마나 길게 느껴졌는지 모른다. 드디어 입을 뗀 그는 내게 이렇게 물었다.

"기존에 이런 서비스가 있었는지 검색은 해보셨나요? 말씀하신 아이디어를 구현시킬 구체적인 스텝 바이 스텝 계획도 없으신 것 같고……. 무엇보다 혁신적이라는 말씀에 대한 근거자료가 하나도 없네요. 솔직히 저는 이렇게만 들어선 잘 모르겠습니다. 너무 모호하게만 느껴지네요."

아주 조곤조곤한 목소리로 표정 변화 하나 없이 내게 건네는 그의 한마디, 한마디가 화살처럼 내 심장에 박히는 것 같았다. 아니, 이렇게 좋은 아이템을 왜 몰라보지? 느낌이 오는데……. 그런 나의 확신을 몰라봐주는 게 너무 화가 났고, 이 감정을 주체할 수 없었다.

"그렇게 말씀하시니 더 이상 이 미팅은 의미가 없는 것 같네요. 강한석님은 투자자신데 안목이 없으시네요. 우선 시간 내주셔서 감사하고요, 미팅은 여기까지만 하시죠."

욱하는 마음에 이렇게 말을 내뱉듯이 던지고 나는 그 자리를 박차고 나왔다. 마치 나라는 사람 자체를 부정당한 것 같아 화가 났다. 그런데 이상한 건, 그 사람이 내게 했던 말들이 자꾸 떠올랐다. 곱씹어보면 볼수록, 그가 한 말 중에 틀린 말이 없었다. 팩트 그 자체였다. 그저 나는 사업 아이템에 대한 확신과 패기, 그것 말고는 준비된 것이 아무것도 없었다.

나는 다시 그를 만나야 할 것 같았다. 하지만 그때 나의 무례한 행동 때문인지 연락을 했지만 거절당했다. 더 오기가 생겼다. 꼭 그를 만나서 'YES'를 듣고 싶은 그런 오기가 말이다. 어떻게 할까 고민하던 중 문득 주변 지인이 내게 입이 마르도록 추천했던 'ICRU 커뮤니케이션 전문가 과정'이 떠올랐다. 그래서 지인이 말해준 대로 '카카오톡 채널 지음과깃듬'에 들어가봤는데, 마침 3일 뒤에 과정이 있어 바로 신청했다. 지인의 말대로 정말 듣길 잘했다 싶었다. 자유롭게 토론도 하고 질문도 하며 진행되었던 수업 방식이 딱 내 취향의 수업이었다. 이 수업을 통해 참 많은 인사이트를 발견하였는데, 그중에서도 가장 중요한 발견은 내가 만났던 투자자는 분석가 유형이었다는 것이다. 그는 나를 무시했던 것이 아니라 정말 최선을 다해서 나의 아이디어에 대해 검토하고 있었던 것이다!

나는 저번 전문가 과정에서 배운 커뮤니케이션 전략을 활용하여 다시 그를 만나는 데 도전했다. 먼저 그에게 무례했던 나의 행동에 대해 사과를 하고, 최대한 정중하게 다시 만나주기를 아주 장문의 문자로 조심스레 요청했다. 메시지를 쓰는 데 진짜 거짓말 안 하고 30분은 걸렸던 것 같다. 쓰고 지우고를 얼마나 반복했던지……. 그런 나의 간절하고 진정성 있는 마음이 통했는지 그에게서 답장이 왔다.

"제가 이번 주는 스케줄이 있어서 어려울 것 같고, 혹시 다음 주 화요일 점심때 시간 괜찮으시면 그때 만나시죠."

이번 미팅에서는 꼭 이 사람을 설득시키겠다는 다짐을 하고 만반의 준비를 했다. 우선 나의 아이디어를 뒷받침할 수 있는 자료란 자료는 모두 모았다. 그리고 그 자료들을 카테고리별로 나누고, 레이아웃도 아주 깔끔하게 정리했다. 수치나 통계 등의 자료는 출처와 연도를 기입하는 것도 잊지 않았다. 중요한 부분은 형광펜으로 표시도 해두었다. 지금 생각하면 참 신기하다. 내가 그런 사람이 아닌데, 그렇게까지 열을 올렸다는 사실이 말이다.

드디어 디데이, 나는 편안한 옷차림으로 갔던 지난번과는 달리 옷장에서 가장 단정한 정장을 꺼내 입었다. 면도도 하고 구두도 깨끗하게 닦았다. 그에게 최대한 단정하고 깔끔하게 보이기 위해서 말이다. 그리고 그와의 만남 장소는 열심히 발품 팔아 그의 회사 근처에서 멀지 않은 조용한 카페를 찾았다.

준비한 자료도 한 번 더 확인할 겸 30분 정도 일찍 갔다. 분석가는 사회적 거리를 유지할 때 가장 편안함을 느낀다고 해서 카페 탁상 중 간격이 가장 넓은 자리에 앉았다. 그리고 이것저것 가져온 자료들을 다시 보고 있는데 약속 시간 15분 전, 그가 들어왔다. 들어오는 그의 모습을 보는데 정말 다시 봐도 사람이 어떻게 그렇게 무표정에 한 치의 흐트러짐도 없을 수 있을까 싶었다. 아무튼 나는 일어나 그에게 손을 뻗어 정중하게 악수를 청하며 인사를 했다. "이렇게 다시 나와주셔서 감사합니다."라는 말도 잊지 않고 했다. 그는 여전히 무표정으로 "괜찮습니다, 앉으시죠."라며 내게 답했다.

분석가 유형은 사담을 별로 좋아하지 않는다는 것을 알았기에 나는 바로 사업 아이템에 대한 브리핑을 시작했다. 우선 오늘 왜 만났는지, 오늘 제안하고 싶은 나의 아이디어는 무엇인지 등의 개요를 간략히 설명한 후 정보를 순차적으로 최대한 정적인 자세와 차분한 목소리로 브리핑했다. 여전히 그는 팔짱을 낀 채 나의 이야기를 경청했다. 그러곤 내게 질문을 했다.

"이제야 이형균 씨의 아이디어를 조금 이해할 것 같습니다. 그런데 어떤 부분에서 다른 콘텐츠 플랫폼과 차별화되었다는 건지, 따로 뒷받침할 만한 근거가 있나요?"

나는 마주 앉은 그에게 준비한 자료집을 쓱 내밀며 말했다.

"그렇지 않아도 이에 대한 근거자료들을 가지고 왔습니다. 한번 검토해 보시죠. 이쪽 산업에 대한 비전과 성장률에 대한 자료들입니다. 다른 콘텐츠 플랫폼과 무엇이 다른지에 대해서도 표로 정리해두었습니다. 중요한 부분은 형광펜으로 표시해두었습니다. 오늘은 그 중심으로 보시고 추후 더 자세히 검토해주시면 좋을 것 같습니다."

자료집을 보자 그의 눈이 번쩍였다. 처음으로 보는 그의 표정이었다. 나는 그가 스스로 그 정보들을 검토할 수 있게 조용히 기다렸다. 그는 의자에 기대어 다리를 꼬고 자료를 넘겨 보기 시작했다. 5분쯤 지났을까, 아주 미세했지만 그는 작은 미소를 짓는 것 같았다. 그러곤 자료를 책상 위에 올려두더니 습관처럼 끼고 있던 팔짱을 풀며 나를 쳐다보았다. 분석가가 팔짱을 풀다니, 나는 100% 좋은 이야기가 나올 것이라 확신했다.

"정말 자료 정리가 깔끔하게 되어 있어서 검토하기 너무 편하네요. 정리도 너무 잘되어 있고, 이 정보들이 모두 사실이라면 투자를 다시 한번 고려해보겠습니다. 제가 다시 검토한 후 일주일 이내로 연락을 드리겠습니다."

성공적인 미팅이었다. 정말 며칠을 끙끙대며 준비한 보람이 있었다. 물론 일주일 후 그에게 'Yes'라는 대답을 들었다. 그때의 희열감이란, 지금 생각해도 너무 짜릿하다.

그렇게 나는 강한석 씨로부터 첫 투자를 받았다. 그리고 플랫폼은 이례적으로 시작하자마자 대박이 났다. 이에 강한석 씨는 어떻게 그런 생각이 딱 떠올랐던 것이냐며 신기해하기도 하고 궁금해하기도 했다. 성과 보고를 하던 날, 나는 그의 호기심 가득한 질문들에 대답하다가 거의 탈진할 뻔했다.

첫 단추가 잘 풀려서인지 나는 그 이후에 두세 번의 투자를 더 받게 되었고, 지금은 직원이 30명 정도 있는 어엿한 중소기업 회사의 대표가 되었다. 그만큼 일거리가 많아서 나를 도와줄 수 있는 새로운 이사를 뽑았다. 그와는 늘 살벌하게 티격태격하는 사이지만 그래도 내가 믿을 수 있는 사람, 나의 꿈에 첫 단추를 달아준 사람이라 든든하다. 역시 이 사람, 양반은 못 되는 게 전화가 온다. 아까 미팅 나갔는데 무슨 일이라도 생겼나?

"어, 한석아, 무슨 일이야?"

"이형균 대표님, 업무 중에는 공식 직함을 불러주시죠."

'하……. 네, 강한석 이사님 무슨 일이시죠?"

"제가 아까 4/4분기 회계 자료를 담은 USB를 챙겨달라고 말씀드렸는데, 대표님이 키우시는 렉돌블루바이종 고양이 '나르'의 사진이 담겨 있었습니다."

"그게 나르 사진 USB이었나요?!"

"네, 정확히 567장의 사진이 담겨 있었습니다. 제가 누누이 말씀드리지만 늘 점검, 또 점검해야 한다고……."

나는 오늘도 그에게 잔소리를 듣고 있는 중이다.

2022.06.08.

TIP 요약!

- 이들에게 말할 때에는 정보의 순서에 따라 차근차근 말해주세요.
- 그리고 이들에게 의견을 제시할 때에는 명확한 근거자료를 준비해주세요.
- 이들에게는 '혹시', '아마도'와 같은 막연한 표현을 가급적 피해주세요.
- 이들의 사회적 거리를 침범하지 않게 조심하세요. 간격이 넓은 책상을 활용하는 것도 좋은 방법이 될 수 있습니다.
- 이들을 만날 땐 최대한 예의를 갖춰 정중한 모습을 보이세요.

Q 여기서 퀴즈! 투자자 '강한석'을 만난 주인공 '이형균'의 유형은?

어떤 유형인지, 단서들과 함께 여기에 적어보세요.

*정답 344쪽에서 확인

Q 작가 '임이나'를 만난 주인공 '최지원'의 유형

: 상담가 유형

주인공이 어떤 유형인지 가장 먼저 알 수 있는 단서는 그녀의 전공입니다. 정확하게 말해서 전공을 선택한 동기입니다. 그녀는 일기장에서 계속해서 '사람을 좋아한다'는 이야기를 반복합니다. 심리학을 전공한 이유는 '사람이 좋아서'였고, 회사 프로젝트에서 '인터뷰'를 담당하게 되었을 때도 '사람을 만나고 사람들의 이야기를 들을 수 있어서' 기뻐했습니다. 여기서 일단 이 주인공의 기질, 즉 세상을 바라보는 중심이 '사람'에 있는, 그녀가 '관계 유전자'의 상담가 유형이라는 것을 알 수 있습니다.

또한 '임이나 작가'와 연락이 되지 않았을 때 혹시 주인공에게 소중한 사람인 '김팀장'을 실망시키거나 폐가 될까 걱정합니다. 만약 주인공이 창조가 유형이었다면 이를 크게 신경 쓰지 않았을 것이고, 행동가 유형이었다면 '임이나 작가와의 인터뷰'라는 목표를 달성하기 위해 어떻게 하면 내일 그녀를 만날 수 있을지에 대한 방법을 생각했을 것입니다. 또 분석가 유형이었다면 미리 3일 전부터 연락을 해서 전날 연락이 닿지 않는 일을 만들지 않았을 것이며, 혹시 만나지 못할 상황에 미리 대비한 예비 시나리오도 세워두었을 것입니다. 그러나 이는 그녀의 일기장을 읽어봐야만 알 수 있는 단서입니다. 평상시 개인의 일기장을 읽을 수 있는 일은 흔하지 않기 때문에 비언어 단서들을 통해 파악할 수 있는 부분들을 좀 더 살펴보겠습니다.

우선 외적인 프로파일링 단서 중에서 주인공이 '상담가 유형'이라는 것을 확신할 수 있는 단서는 바로 '나긋나긋한 스타일'과 '사람들의 이야기를 들으며 맞장구를 잘 치는 것'입니다. 상담가 유형은 사람 만나기를 좋아하는데 그 목적이 '정서적 교감'에 있다고 했습니다. 그래서 사람들을 만날 때 말하기보다는 그 사람의 삶을 공유하고자 주로 '듣는 편'이며, 더 많은 이야기를 듣기 위해 '맞장구', 즉 리액션을 잘하는 유형입니다.

'임이나 작가'를 만난 주인공은 그녀의 이야기를 더 많이, 더 잘 듣기 위해 리액션을 해주며 나아가 그녀의 말의 속도나 몸짓을 따라 하는 등 자신도 '흥'을 올리기 위한 노력을 합니다. 이것은 사람에 대한 '직감력'이 뛰어난 상담가 유형의 탁월한 강점입니다. 그래서 주인공은 '임이나 작가'의 호흡에 맞추며 '친밀감을 형성'하여 조금씩 상대방과의 마음의 거리를 좁혀갑니다. 이런 주인공의 노력에 '임이나 작가'는 자신도 모르게 마음의 문을 열고 창조가 유형임에도 주인공 '최지원'에게 개인적인 관심을 보입니다. 이상하게 '친동생 같은 느낌'을 느끼면서 말입니다.

프로파일링 단서 요약

- 사람이 좋아서 심리학을 전공한 동기
- 사람들을 만나는 것을 좋아하고, 또 사람들의 이야기를 듣기 좋아하는 주인공
- '임이나 작가'가 연락이 되지 않자 '김 팀장'이 실망할까 봐, 그리고 폐가 될까 봐 걱정하는 모습
- '임이나 작가'와 인터뷰를 진행할 때 리액션을 잘하고, 사람들에게 잘 맞추는 모습
- 나긋나긋한 스타일에 다정다감한 주인공의 분위기와 인상
- 사람을 만나고 그 사람의 이야기를 담기 위해 주인공이 차린 독립출판사

Q 남편 '이민우'를 만난 주인공 '박지영'의 유형

: 행동가 유형

박지영 씨가 행동가 유형이라는 것을 알 수 있는 단서는 일기장 초반에 바로 나옵니다. 박지영 씨는 다니던 회사에 휴직계를 내고 2주를 쉬고 나니 '뭔가를 해야 할 것 같은 기분'을 느끼고 '소셜 모임'에 나갑니다. 그 이유는 이들이 '성취'를 통해 존재감을 느끼는 사람들이기에 항상 '무언가'를 해야 하기 때문입니다. 좀 더 과장해서 말하면, 행동가 유형의 사람들은 다른 유형의 사람들과 달리 유일하게 '아무것도 안 하기'나 '휴가' 등에 오히려 스트레스를 받는 기질이라 해도 과언이 아닐 것입니다. 그래서 행동가 기질은 '휴가'도 반드시 성취할 미션을 정하고 갑니다. 예를 들자면 '산 정상에서 인증샷 남기기', '여행 겸 세미나 다녀오기' 등과 같이 말입니다.

쉬기 위해 휴직계를 냈지만, 쉬는 것에 익숙하지 않은 박지영 씨는 결국 2주 만에 '활동'을 합니다. 그런데 그 활동이 '소셜 모임'입니다. 그 소셜 모임은 '전문가들이 모여 서로의 지식을 공유하는 모임'입니다. 이는 바로 주인공이 행동가 유형임을 알 수 있는 두 번째 단서입니다. 여러 가지 취미 활동들이 있는데도 주인공은 '지식을 공유하는 모임'을 선택했습니다.

행동가에게 '지적 교감'은 이들이 '쉼 없이 행동'할 수 있는 에너지원입니다. 그래서 사교활동이라도 '지적인 교감'을 할 수 있는 활동들을 선호합니다. 이것이 박지영 씨가 '이 소셜 모임'을 선택한 이유일 것입니다. 그리고 원했던 대로 그녀는 '성공한 전문가'의 강의를 들으며 힘을 얻습니다. 또 그녀의 일기장에는 소셜 모임에 나가서도 함께 어울리지 못하는 것에 속상해하는 마음이 드러나는데, 이 역시 행동가의 프로파일링 단서입니다. 행동가에겐 세상의 모든 것이 '미션'입니다. 모임에 나가는 것 역시 박지영 씨에게는 성공해야 하는 '미션'인데, 잘 어울리지 못하는 자신의 모습에 그 미션이 실패할까 걱정하는 모습으로 비춰집니다.

만약 그녀가 상담가 기질의 사람이었다면 이민우 님처럼 처음 왔지만 마치 오래

전부터 이 모임에 나온 것 같은 편안한 모습을 보였을 것입니다. 마냥 사람들을 만나는 게 신이 나서 여기저기 인사를 건네고 다니면서 말이죠. 물론 그가 소셜 모임에 온 것도 '사람'을 만나기 위함이었을 것입니다.

그럼 창조가라면 어땠을까요? 새로운 경험을 하고자 즉흥적으로 소셜 모임을 신청했을 것입니다. 어쩌면 신청한 사실을 잊어버려 모임에 나오지 않았을 수도 있습니다. 분석가라면 자신이 원하는 정보를 얻기 위해 나갔을 것이고, 아마 몇 개월 전부터 여러 모임에 대한 정보를 찾고 비교 분석 후 가장 적합한 모임이라 판단해서 나갔을 것입니다. 또한 일정한 거리를 유지하는 것에 편안함을 느끼는 분석가 유형은 오히려 사람들과 어울리지 않고 혼자 앉아 관련된 책이나 교재를 읽고 있었을 것입니다.

여기까지는 주인공의 일기장을 통해 알 수 있었던 부분이라면, 일기장을 보지 않아도 그녀를 알 수 있는 프로파일링 단서들을 좀 더 설명해보겠습니다. 2가지의 단서가 있는데, 첫 번째는 '강렬한 인상'입니다. 표정을 통제하고, 직접적인 눈맞춤과 함께 영역 차지하기나, 몸을 크게 하는 등의 보디랭귀지를 주로 쓰는 행동가 유형의 사람들은 다른 사람들에게 강렬한 인상을 준다고 했습니다. 박지영 씨 역시 행동가 유형이기에 사람들이 '강렬한 인상'을 느낄 수밖에 없었을 것입니다. 그러나 지금 이 책을 읽고 있는 여러분처럼 자신의 이미지를 잘 알고 있고, 기질 프로파일링과 관계 전략을 잘 학습한 박지영 씨는 이민우 님과 최대한 간접적인 눈맞춤과 리액션 등을 곁들여 친밀감을 형성하였습니다. 만약 처음 만나는 자리에서 주인공이 이러한 노력을 보이지 않았다면 이민우 님은 주인공이 자신을 싫어한다고 생각했을 수도 있습니다. 어쩌면 그날 집에 가서 계속 자신이 주인공한테 '무엇을 잘못했는지' 밤새 고민했을 수도 있습니다.

그다음 프로파일링 단서는 바로 카페에서 이민우 님의 고민을 대하는 주인공의 자세입니다. 행동가는 대화의 목적이 '문제를 해결'하거나 '목표를 성취'하는 데 있습니다. 주인공에게 이민우 님의 고민은 자신이 해결해야 할 미션이자 문제가 주어진 것과 다름이 없습니다. 그래서 왜 힘들어하는지에 대한 문제의 원인을 정의하고, 이를 해결할 수 있는 해결책을 제시합니다. 즉, '솔루션'에 집중하고 있습니다. 만약 여러분 주변에 고민을 이야기하면 "그래서 결론이 뭔데?"라고 물은 뒤 진지한 표정으로 현실적인 문제를 짚어주며 해결책을 제시하는 사람이 있다면 분명 그 사람은 행동가 유형일 것입니다!

프로파일링 단서 요약

- 휴직계를 내고 2주를 쉬고 나니 뭔가를 해야 할 것 같아 결국 소셜 모임에 나가는 모습
- 취미로 각 전문가들이 모여 서로의 지식을 공유하는 모임을 선택
- 왜 어울리지 못할까 속상해하는 모습
- 모임에서 강의를 듣고 성공한 전문가의 모습에 자극을 받는 주인공
- 강렬한 인상을 가지고 있는 주인공
- '이민우'의 고민을 듣고 '현실적인 문제 해결', 즉 솔루션을 제공하는 데 초점을 맞추고 있음

Q 회장 '김만호'를 만난 주인공 '김춘수'의 유형

: 행동가 유형

주인공 김춘수의 대표 기질은 행동가 유형입니다. 그가 행동가 유형임을 알 수 있는 단서들을 되짚어보기 위해 주인공이 김만호 회장을 기다리던 때로 돌아가보겠습니다.

그는 비즈니스를 잘 성사시키기 위해 '행동가 유형에 맞춰' 격식 있는 슈트를 꺼내 입고, 약속 장소에 항상 빨리 오는 행동가 유형보다 더 빨리 도착해서 그를 기다립니다. 이러한 김춘수 씨의 행동은 자칫 '상대방을 분석하고, 미리 준비하는' 분석가 기질이라고 생각할 수도 있습니다. 하지만 이 행동의 초점이 어디에 있는지 자세히 살펴봐야 합니다. 그는 사전에 상대방을 '파악'하여 전략적으로 미팅을 준비하고, 기다릴 때에도 김만호 회장의 사무실을 둘러보는 등 공간을 '파악'하는 모습을 보였습니다. 이는 jtbc4 〈인간이 왜 그래〉의 가수 토니안처럼 미팅을 성공적으로 마치기 위해 상황 파악을 하는 것과 같습니다.

만약 그가 분석가 기질이었다면 '어떻게 할 것인가'보다 '무엇을 준비해야 하는가'에 초점이 맞춰져 있을 것입니다. 그래서 미팅에 필요한 문서를 좀 더 꼼꼼히 준비했을 것이고, 미리 도착한 사무실에서도 다시 한번 빠진 건 없는지 자료들을 검토했을 것입니다. 만약 여러분이 유형 프로파일링을 하면서 헷갈리는 부분이 있다면 4가지 대표 기질이 어떤 부분을 가장 중요하게 생각하는지 다시 한번 상기해보는 것이 좋습니다. 특히 '만약 ○○○기질이었다면 어떻게 했을까?'라고 생각해본다면 훨씬 더 쉽게 유형을 구별할 수 있을 것입니다.

그다음으로 김춘수 씨의 커뮤니케이션 단서들을 살펴보겠습니다. 우선 중요한 포인트들을 볼펜으로 포인팅하며 이야기하는 행동은 행동가 기질 사람들의 대표적인 보디랭귀지 중 하나라는 것을 알 수 있습니다. 또한 결론 위주로 간결하게 말하는 것 역시 마찬가지입니다. 대표적인 대화 내용으로는 "다음 달 초, 제작 예정 중에 있습니다.", "회장님이 기획부에 전달해주시면 이 자료를 토대로 기획부와 먼저 논의하고, 다음번 미팅 때 논의한 내용을 브리핑해드리겠습니다." 등이 있었습니다. 또한 '바로 제작에 들어갔으면 좋겠다'는 김회장의 갑작스러운 요청에도 '어떻게 요청사항을 해결할 수 있을까'에 대해 생각하고 빠르게 대답하는 모습은 행동가의 강점인 '문제 해결력'이 돋보이는 장면 중 하나였습니다.

여기까지는 주인공 김춘수의 행동 단서들만으로도 프로파일링 할 수 있었던 부분이었고, 이제 그의 일기장에 적혀 있던 속마음을 좀 더 살펴보겠습니다. 먼저 살펴볼 그의 속마음은 '열정'을 느끼게 된 계기입니다. 일을 처리하기 급급한 나날들을 보내던 그에게 열정이 생긴 이유는 바로 김 회장에게 능력을 인정받았기 때문이었습니다. 여기서 중요한 것은 단순히 '인정'이 아니라 '어떤 부분에 대해 인정을 받았는가'입니다.

사람은 기질에 상관없이 누구나 다른 사람들에게 인정받고 싶어합니다. 그런데 '어떤 기질을 대표로 쓰느냐'에 따라, 즉 '어떤 부분을 가장 중요하게 생각하는지'에 따라 인정받고 싶어 하는 부분이 달라집니다. 예를 들어 '창의적인' 창조가는 자신의 새로운 아이디어에 대해 인정받고 싶어 한다면, '사교적인' 상담가는 상대방을 위한 자신의 헌신과 노고에 대해 인정받고 싶어 합니다. 또 '계획적인' 분석가는 자신이 얼마나 믿을 수 있는 사람인지 '신뢰'에 대한 인정을 받고 싶어 합니다. 하지만 여기서 주인공 김춘수 씨는 자신의 '능력'에 대한 인정에 열정을 느꼈습니다. 이는 행동가가 인정받고 싶어 하는 부분으로 주인공이 행동가 유형임을 확신할 수 있는 결정적인 단서입니다.

그다음으로는 그가 김 회장이 운영하던 회사의 리더가 된 후 잠시 귀국한 김 회장을 만나러 가는 장면입니다. 여기서 주목할 단서는 바로 '이야기 주제'입니다. 그는 김 회장과 할 이야기가 많다며 설레는 마음을 자신의 일기장에 내비쳤습니다. 그런데 그 주제가 모두 '업무와 그 업무를 어떻게 하면 성공시킬 수 있는지'에 대한 내용이었습니다. 이 부분은 끊임없이 스스로에게 미션을 주고 그 미션을 성공시켜야 직성이 풀리는 행동가의 기질과 더불어 '지적 교감'을 선호하는 행동가의 커뮤니케이션 스타일까지 잘 보여주는 부분입니다.

만약 주인공 김춘수 씨가 상담가 유형이었다면 김만호 회장에게 어떤 걸 물어봤을까요? 아마도 아프리카 봉사활동에 대한 이야기를 궁금해했을 것입니다. 분석가였다면 김 회장과의 만남에 대한 일정을 계획하고, 그 계획을 브리핑했을지도 모릅니다. 창조가였다면 그동안 자신이 생각해왔던 비즈니스 아이디어를 이야기했을 것입니다.

그렇다면 같은 행동가 유형인 김만호 회장과 주인공 김춘수의 이번 만남은 어떨까요? 사적 만남임에도 불구하고 아마 그들의 첫만남과 같이 '추진의, 추진에 의한, 추진을 위한' 비즈니스 이야기로 꽃피울 것입니다!

프로파일링 단서 요약

- 성공적인 미팅을 위해 상대방을 파악하고 전략적으로 준비하는 모습
- 김 회장의 사무실에 먼저 도착해 그의 사무실을 파악하는 모습
- 결론 위주의 간결한 화법
- 갑작스럽게 일정을 당겨달라는 김 회장의 요청에 대해 '문제 해결 중심'으로 풀어가는 모습
- '능력'을 인정받고, 추진력 있는 김 회장의 모습을 보며 열정이 생김
- 오랜만에 만나는 김 회장에게 묻고 싶은 이야기 주제가 '성과 달성'에 관련된 것임

Q 투자자 '강한석'을 만난 주인공 '이형균'의 유형

: (대표 기질)창조가 유형+(보조 기질)행동가 유형

투자자 강한석을 만난 주인공 이형균 씨는 창조가 기질을 대표 유형으로 가지고 있고, 행동가 기질을 보조 유형으로 가지고 있는 복합 유형입니다. 앞서 대표 사례에서 살펴봤듯이 대부분의 사람들은 2가지 기질을 함께 쓰는 복합 유형입니다. 그래서 이번 해설은 '복합 유형을 어떻게 구별하는지'에 초점을 맞춰 설명해보겠습니다.

먼저 이형균 씨의 대표 기질인 '창조가'의 단서를 살펴보겠습니다. 그는 '플랫폼에 대한 아이디어'를 가지고 있었는데, 그것은 기존의 경험이나 데이터를 기반으로 나온 것이 아니라 '직관력'에서 나온 아이디어였습니다. 창조가 기질의 대표적인 강점 중 하나인 '직관력'은 세상에 대한 패턴을 파악하는 능력을 말하는데, 말 그대로 '직관'에 의한 것이기 때문에 논리적으로 설명하기가 어렵습니다. 이형균 씨의 플랫폼에 대한 아이디어는 이러한 창조가의 직관력을 잘 보여주는 사례입니다. 뿐만 아니라 투자자 강한석 씨와의 첫 만남에서 시큰둥한 모습을 보이는 강한석 씨에게 '자신의 혁신적인 아이디어'를 인정받지 못하자 화를 내는 모습 역시 그가 창조가 기질임을 잘 드러내고 있습니다. 창조가 기질의 사람들은 자유롭고 과정 자체를 즐기는 사람들이며, '자신의 새로운 아이디어'에 대해서는 강한 확신을 가지고 있습니다. 그만큼 자신의 아이디어에 대해 인정받고 싶어 하는 욕구 역시 강하기 마련입니다. 그런데 인정이 아닌 피드백을 받은 주인공 이형균 씨는 참을 수 없는 화를 느꼈을 것입니다. 왜냐하면 '인정'이란 '존재감'을 느끼는 것인데 조곤조곤한 목소리로 피드백을 하는 분석가 강한석의 부정적인 의견에 마치 자신의 존재 자체를 부정당한 기분이 들었을 것입니다.

그다음으로 알 수 있는 창조가 기질의 단서는 'ICRU 커뮤니케이션 과정'에 있습니다. 그는 오기가 생겨 즉흥적으로 수업을 신청했고, 자유롭게 토론하는 수업 방식에 만족을 느꼈습니다. 뿐만 아니라 수업을 통해 얻은 부분들을 일기장에 '인사이트'라고 표현하고 있는데, 이 3가지 모습은 창조가의 특징을 잘 보여주고 있습니다.

창조가 기질의 사람들은 '무엇인가 번뜩이면' 즉흥적으로 그것을 실행합니다. 그들은 호기심이 생기면 당장 경험해봐야 직성이 풀리기 때문입니다. 만약 호기심이 생겼는데도 그 부분을 해결하지 못하면 자신이 직접 경험해볼 때까지 '이렇게 하면 어떻게 될까?'라는 상상 속에서 헤어나오지 못할 것입니다. 또한 '이렇게 하면 어떻게 될까?', 즉 '미래'의 관점으로 세상을 학습하는 창조가 기질에게 '자유로운 토론 방식'은 아주 즐거운 시간일 것입니다. 아마 정해진 시간이 없었다면 시간 가는 줄 모르고 밤새 토론을 이어갔을지도 모릅니다

이형균 씨를 전형적인 창조가 기질이라고 보기에는 모호한 부분이 있습니다. 왜냐하면 과정 자체를 즐기는 창조가들은 '결과'에 크게 집중하지 않기 때문입니다. 이형균 씨는 자신의 아이디어를 '실현'시키고자 하는 의지가 매우 강하다는 것을 사례 곳곳에서 알 수 있습니다. 자신의 아이디어를 실현시키기 위해 일단 다짜고짜 지인들에게 부탁해 투자자를 만나는 모습, 자신의 아이디어가 거절당하자 '오기'가 드는 감정 변화, 그래서 '꼭 투자자를 설득시키겠다는 다짐'으로 결국에는 분석가 유형의 강한석을 설득시키는 모습은 '행동가 기질'의 모습들입니다. 만약 그가 창조가 기질을 가지고 있었다면 재빨리 새로운 아이디어를 냈을 것입니다. 그러나 그의 보조 유형이 '행동가'이기 때문에 자신의 아이디어를 반드시 실현시키고자 했던 것입니다.

이번 주인공은 복합 유형으로 유형 프로파일링 중 가장 난이도가 높은 문제였습니다. 만약 여러분이 상대방을 프로파일링 하는데 그 사람이 전형적인 창조가, 상담가, 행동가, 분석가 기질이 아닌 것 같다면 그다음으로 그 사람이 자주 보이는 기질은 무엇인지 체크해보길 바랍니다. 아마 그 상대방은 복합 유형일 확률이 높을 것입니다. 좀 더 나아가 2가지 기질을 거의 비슷한 정도로 보인다면 대화를 통해 상

대방이 가장 우선순위에 두고 있는 것이 무엇인지 살펴보길 바랍니다. 그렇게 되면 우선순위에 따라 대표 기질과 보조 기질을 구별할 수 있을 것입니다. 그렇게 유형 프로파일링이 모두 끝났다면 그다음은 그들의 기질별 욕구가 무엇인지를 상기하면서 스스로에게 다음과 같은 질문을 던져보길 바랍니다.

'그렇다면 상대방이 원하는 커뮤니케이션 방식은 무엇일까?'

프로파일링 단서 요약

- (창조가 기질) 직관적으로 아이디어를 내는 모습과 '혁신적인 아이디어'임을 강조하는 모습
- (창조가 기질) 즉흥적으로 교육 과정을 신청하는 행동
- (창조가 기질) 자유로운 토론 방식을 좋아하고, 인사이트를 발견한 것에 큰 만족을 느끼는 모습
- (행동가 기질) 자신의 아이디어를 실현시키고자 하는 강한 의지
- (행동가 기질) 자신의 아이디어가 받아들여지지 않자 '오기'라는 감정을 느끼고 꼭 해내겠다는 의지를 바로 행동으로 옮기는 추진력

EPILOGUE

성공하려면 프로파일링 능력은 필수다

자, 지금까지 이 책을 다 읽은 여러분은 이제 명탐정 '셜록 홈즈'가 될 준비를 마쳤습니다. 사람들의 행동, 사무실, 소품, SNS를 보고 그 사람이 어떤 기질을 가지고 있는지 판별할 수 있고, 그들의 기질별 특성이 무엇인지를 알게 되었습니다. 더 나아가 그들과 좋은 관계를 맺기 위해서는 어떻게 행동해야 하는지도 배웠습니다. 사람들의 비언어 신호를 해독하고 그들의 기질을 프로파일링 하는 것은 다른 사람을 정확히 이해하고 그들과 원활한 커뮤니케이션을 할 수 있도록 도와줍니다.

비언어란 언어가 아닌 모든 것이기 때문에 사람들은 비언어를 통해 소리 없이 자신의 흔적을 남기기 마련입니다. 과거에도, 지금도, 앞으로도 말입니다. 지금 책을 읽고 있는 여러분도 자신도 모르는 사이에 자신의 모습을 세상에 드러내고 있을지도 모릅니다. 책을 어떤 자세로 책을 읽는지, 어떤 방식으로 읽는지, 언제 주로 읽고 또 어디서 읽는지, 이 모든 것이 여러분이 누구인지 말해주고 있을 것입니다.

이 책의 전반에 걸쳐 사람들의 기질별 특징과 그 특징에 따라 나타나는 비언어 신호들에 대해 자세히 설명했습니다. 또한 이를 통해 다른 사람들이 원하는 것과 원하는 방식을 파악함으로써 그 사람들에게 손쉽게 다가가는 방법도 알아보았습니다. 물론 이러한 프로파일링 방법을 안다고 해서 그것을 여러분의 생활 속에서 자연스럽게 활용하기는 쉽지 않을 수도 있습니다. 하지만 인간은 태어나면서부터 끊임없이 학습을 통해 성장합니다.

처음에는 누워만 있던 어린아이가 어떻게 걷게 되는지 생각해볼 필요가 있습니다. 무릎으로 기어 다니던 아이는 때가 되면 스스로 서서 걸으려고 합니다. 이때 아이가 단 한 번의 시도로 걷는 데 성공할 수는 없습니다. 걷다가 넘어지고 또 넘어지면서 아이는 서서히 걷는 방법을 배워나갑니다. 아이들은 결코 포기하지 않습니다. 아이들이 포기하지 않는 이유는 그들의 부모를 기쁘게 만들기 위함이 아닙니다. 자신들이 성장하고 발전하기 위해서 반드시 이루어내야 하는 과정이라는 것을 본능적으로 알기 때문입니다. 그것은 아이들에게 선택의 문제가 아니라 자신들의 삶을 살아가기 위한 필수적인 과정인 것입니다.

프로파일링 기법도 마찬가지입니다. 사람들을 이해하고 그들에 맞춰 삶을 살아가는 방법을 배우는 것은 이제 선택의 문제가 아닙니다. 여러분이 세상에서 성공적인 삶을 살기 위해서는 반드시 필요한 능력이 된 것입니다.

"만약에 당신이 하는 것이 잘되지 않는다면 다른 방법으로 끊임없이 시도하라."

이 말은 학습에 대한 황금률입니다. 새로운 것을 배우는 것은 그것이 무엇이든 처음에는 다 똑같습니다. 어색하고 불편하기 마련입니다. 하지만 연습을 많이 할수록 좀 더 편한 기분을 느끼게 됩니다. 자전거를 잘 타는 방법은 계속해서 자전거를 타는 것뿐입니다. '습관은 제2의 천성'이라는 말이 여기에 적절한 표현인 것 같습니다. 이 책에서 제공하는 모든 프로파일링의 지식과 정보는 눈을 크게 뜨고 끊임없이 자신과 다른 사람을 관찰하고 그들의 말과 행동이 무엇을 의미하는지를 알아내려고 할 때 큰 도움이 될 것입니다.

SBS 〈악의 마음을 읽는 자들〉은 우리나라 최초로 범죄 프로파일러들을 다룬 드라마입니다. 이 드라마는 프로파일링이라는 말조차 생경하던 시절, 사이코패스의 개념조차 없던 시절, 우리나라를 공포로 빠뜨렸던 극악한 범죄자가 연이어 등장했던 바로 그 시절에, 차마 인간이라 부를 수 없

출처 https://url.kr/cr8zah

는 악마들을 쫓으려 그들의 마음속을 치열하게 들여다봐야만 했던 실제 프로파일러의 이야기를 그린 드라마입니다.

이 드라마의 주인공 중 한 명인 국영수(진선규 분) 범죄행동분석 팀장의 말은 프로파일러의 자질에 대한 중요한 힌트를 제공합니다. 그는 드라마의 또 다른 주인공인 송하영(김남길 분)을 자신의 팀으로 영입하기 위해 그에게 다음과 같이 말합니다.

"프로파일러한테 필요한 자질이 다 있다, 너한텐. 포기하지 않는 것, 열린 마음, 직관, 상식, 논리적 분석력, 사적 감정 분리까지. 내가 가장 중요하게 생각하는 건 '감수성'이다. 사람의 마음을 분석하는 일이니까!"

그렇습니다. 프로파일링에서 가장 중요한 것은 감수성입니다. '침팬지의 어머니'라고 불리는 제인 구달은 자신이 침팬지인 것처럼 그들과 함께 생활하면서 그들을 관찰하고 이해했습니다. 프로파일링 역시 마찬

출처 http://www.tvseoul.kr/mobile/article.html?no=41523#078x

가지입니다. 사람들을 관찰하고 이해하는 감수성을 갖추기만 한다면 여러분은 사람들의 성장과 발전을 돕는 진정한 프로파일링 전문가가 될 것입니다.

절대 부끄러워하지 말기를 바랍니다. 지금 당장 밖으로 나가 활용해보세요. 여러분이 만나는 사람의 비언어 신호를 파악하고 그들의 기질별 특성을 이해하고 그들에게 효과적으로 다가가보세요! 그런 여러분에게 '유느님'이라고 불리는 국민 MC 유재석이 이렇게 외칩니다.

"I Can READ yoU!"

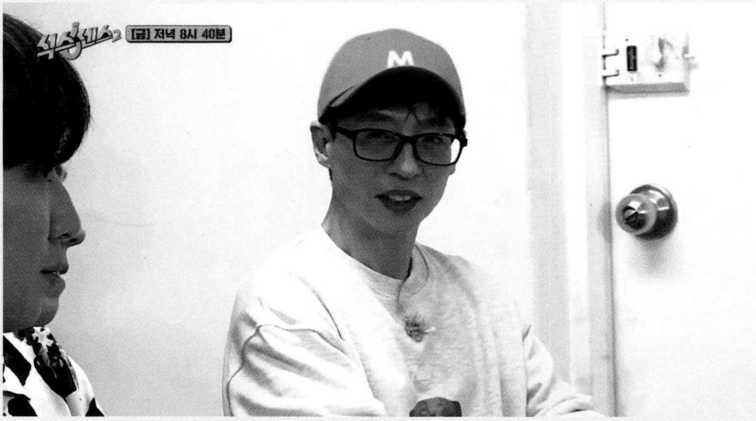

출처 tvN 〈식스센스2〉 방송 화면

I Can R.E.A.D. yoU!
프로파일링 커뮤니케이션 전문과정 안내

나날이 더 복잡해지고

사람들의 니즈가 다양해지는 오늘날,

지음과깃듬 컴퍼니는

좀 더 효과적인 커뮤니케이션을 할 수 있도록

맞춤형 솔루션과 전문가 양성과정을 운영하고 있습니다.

더 심도 있게 '짓'에 대해 배우고 싶으시다면,

아래 과정을 참고해주시길 바랍니다.

1 ICRU-Communication 전문과정

〈KBS 스페셜〉, tvN 〈식스센스〉, 채널A 〈이제 만나러 갑니다〉 등 다양한 방송 프로그램에서 세계 정상들과 연예인을 프로파일링 한 ICRU는 사람과 상황에 대한 이해를 돕는 진단 도구입니다.

본 과정의 목적은 3가지입니다. 첫 번째 자신을 이해하여 개인의 성장과 발전을 돕는 것, 두 번째 타인을 이해하는 것, 세 번째 이를 통해 원활한 커뮤니케이션을 하고 타인을 설득시킬 수 있는 능력을 키우는 것입니다.

ICRU 커뮤니케이션 전문과정은 유형별 고유 커뮤니케이션 패턴뿐만 아니라 가장 기본적인 욕구부터 라이프스타일까지 세세하게 유형별 단서를 학습하고, 프로파일링을 통해 유형을 파악하는 훈련을 하는 과정입니다. 이 훈련은 스트레스 상황에서의 행동 변화까지도 예측할 수 있도록 유형별 스트레스 요인과 증상까지 심화 트레이닝이 진행됩니다. 이 훈련이 끝나면 관계 형성 전략, 유형별 커뮤니케이션 전략과 인적 자원 관리 전략, 스트레스 경영 전략 등 실전 솔루션을 학습하고 적용시켜보는 실습으로 구성되어 있습니다.

일보다 사람이 힘들다는 말이 있습니다. 이 과정은 그런 '사람'을 이해하는 전문 과정으로서 커뮤니케이션 전문가가 되고 싶은 분들을 위한 해답을 제시해드리는 과정입니다.

2 비언어 커뮤니케이션(Non-Verbal Language) 전문과정

〈SBS 스페셜〉, SBS 〈모닝와이드〉, MBC 〈실화탐사대〉, JTBC 〈이규연의 스포트라이트〉, 채널A 〈북미하노이회담 뉴스특보〉, OCN 〈닥터 프로스트〉 등 다양한 방송 프로그램에서 활용된 비언어 커뮤니케이션을 학습하는 과정입니다. 이 과정은 행동 메시지를 통해 사람의 마음을 프로파일링할 수 있도록 돕는 전문가를 양성하는 과정으로, 국내 유일한 비언어 커뮤니케이션 전문과정입니다.

행동 메시지는 모든 생명의 근간이 되는 소통 요소로 '무엇을 말하느냐'가 아닌 '어떻게 말하고 있는가'에 대한 것입니다. 이 과정은 단순히 '행동 메시지가 담고 있는 의미'가 아니라 그 이면에 '왜 이러한 행동 메시지를 보이고 있는가'에 대한 맥락을 읽는 훈련과정으로, 비언어의 기원부터 행동 메시지의 심리적인 요소 및 상황적 요소 등을 학습하고 파악하는 과정입니다. 나아가 보디랭귀지를 통해 '어떻게 효과적으로 메시지를 전달할 것인가'에 대한 행동 전략까지 적용시켜보는 실습으로 구성되어 있습니다.

커뮤니케이션 상황에서의 프로파일링 능력을 향상시키고, 설득의 상황에서 보다 더 효과적으로 메시지를 전달하고 싶은 분들에게 이 과정은 차별화된 솔루션을 제시할 것입니다.

3 미세표정(Micro Expression) 전문과정

미세표정이란 사람의 얼굴에 드러나는 감정 표현으로, 0.2초라는 매우 짧은 시간 안에 순간적으로 나타나는 표정을 뜻합니다. 이러한 미세표정은 의도적으로 숨기거나 억제하기 어렵기 때문에 상대방의 감정을 훨씬 더 수월하게 파악할 수 있는 요소입니다.

본 과정은 이러한 미세표정을 파악하는 훈련 과정으로 사람의 7가지 보편적 감정에 대한 얼굴 근육 움직임과 사례들을 통해 학습하고, 0.2초 내에 표정을 파악할 수 있도록 수십 개의 표정 사진을 통해 트레이닝이 진행됩니다. 특히 국제 미세표정 전문가(METT Expert Level Certification_PAUL ECKMAN GROUP/2011년) 자격을 가진 전문가가 직접 진행하는 과정이자 국내 유일의 미세표정 전문가 과정입니다.

협상이나 설득을 해야 하는 상황 또는 거짓말을 찾아내야 하는 상황 등에 활용할 수 있는 본 과정은 상대방의 숨은 속마음을 밝혀내는 데 아주 유용한 도구가 될 것입니다.

- **과정 세부내용 안내 및 상담**
  https://linktr.ee/JG_Co

참고문헌

- 토니야 레이맨, 박지숙 역, 《왜 그녀는 다리를 꼬았을까》, 21세기북스, 2009.
- 앨런 피즈·바바라 피즈, 서현정 역, 《보디랭귀지》, 베델스만, 2005.
- 토니야 레이맨, 강혜정 역, 《몸짓의 심리학》, 21세기북스, 2011.
- 캐럴 킨제이 고먼, 이양원 역, 《몸짓언어 완벽 가이드》, 날다, 2011.
- 조 내버로·마빈 칼린스, 박정길 역, 《FBI 행동의 심리학》, 리더스북, 2010.
- 켄 윌버, 정창영 역, 《켄 윌버의 통합비전》, 김영사, 2014.
- 유발 하라리, 조현욱 역, 《사피엔스》, 김영사, 2015.
- 셸리 호그셰드, 홍윤주 역, 《당신을 보는 세상의 관점》, 티핑포인트, 2015.
- 임문수, 《사람의 마음을 읽는 시간 0.2초》, 나비의활주로, 2015.
- 데이비드 커시·메릴린 베이츠, 정혜경 역, 《성격을 읽는 심리학》, 행복한마음, 2006.
- 헬렌 피셔, 윤영삼·이영진 역, 《나는 누구를 사랑할 것인가》, 코리아하우스, 2009.
- Shelly Hagen, 〈The Everything Body Language Book〉, Adams Media, 2008.
- Harmony Stalter, 〈Employee Body Language Revealed〉, Atlantic Publishing Group, Inc, 2011.
- Elizabeth Kuhnke, 〈Body Language For Dummies〉, John Wiley & Sons, Ltd, 2007.